¡BAJO SU SOMBRA!

VOLUMEN 1

por David Mayorga

SHABAR PUBLICATIONS

www.shabarpublications.com

La mayoría de los productos de Shabar Publications están disponibles con descuentos especiales por cantidad compra para promociones de ventas, recaudación de fondos y necesidades educativas.

Para más detalles, escriba Publicaciones Shabar en mayorga1126@gmail.com.

¡Bajo Su Sombra! Volumen 1 por David Mayorga
Publicado por Publicationes Shabar
3833 N. Taylor Rd.
Palmhurst, Texas 78573
www.shabarpublications.com
www.masterbuildertx.com

A menos que se indique lo contrario, todas las citas de las Escrituras son de la versión de la Biblia de New Kings James. Copyright@1979, 1980, 1982 por Thomas Nelson, Inc., editores. Utilizado con permiso.

Editado y Traducido por Jessy Hernandez

ISBN 978-1-955433-09-9

Tabla de Contenido

Introducción

**"Como el manzano entre los árboles silvestres,
Así es mí amado entre los jóvenes;
Bajo la sombra del deseado me senté,
Y su fruto fue dulce a mi paladar..."** (Canto de Solomon 2:3)

Al estar durante cuarenta días y cuarenta noches en oración y ayuno, me sentí guiado por el Espíritu para escribir un diario sobre mis encuentros con Dios durante esta temporada de consagración. Todas mis notas salieron de pasar tiempo en oración y encontrar momentos íntimos en Su presencia, también los sueños y visiones vinieron de esta temporada de buscar a Dios. Solo el hambre de querer más de Jesús me llevó a hacer este ayuno, nada más. ¡Que Su reino sea avanzado debido a este esfuerzo insignificante!

Mientras mi corazón siente un anhelo por Dios, me

pregunto…

¿Hay algo mejor en este lado del cielo, que un hombre o una mujer de Dios se ocupen en el saber de Cristo, el Señor? ¿Hay algo más valioso en esta vida o incluso que valga nuestro tiempo, que invertir nuestros corazones en conocer a Dios más íntimamente? ¡No lo creo!

Muchas personas pueden no estar de acuerdo con mi declaración o mi opinión con respecto a conocer a Dios más íntimamente, pero confíen en mí, después de caminar de la mano con el Señor durante más de treinta y cinco años, ¡He descubierto que gran parte de nuestros deseos, ambiciones y metas no son más que nuestra carne! Por muy puros y nobles que creamos que son nuestros planes, hay algo egoísta al acecho detrás de todo.

En el sistema munduno en el que nos encontramos, cuanto más tengas, mejor. Cuanto más logres a la vista del hombre, más alto será tu estatus. Es un mundo donde los fuertes aplastan a los débiles sin ningún arrepentimiento.

Este reino mundano solo tiene una cosa en mente, exaltarse a sí mismo y aumentar en obras externas para su propia gloria. El reino de Dios trabaja con una filosofía diferente como Juan el Bautista la describió.: **"Es necesario que él crezca, pero que yo mengüe."** (San Juan 3:30)

Todos sabemos que la salvación es gratuita, pero la intimidad con Dios no se encontrará entre las cosas de venta. La intimidad con Dios implica una vida en búsqueda de Dios. A menos que uno esté dispuesto a morir a sí mismo, ¡no conocerá a Dios en formas más profundas!

Ahora, para mantener viva esta filosofía en el corazón del creyente, una vida de ayuno, oración, tiempos ricos en meditación en la Palabra de Dios y ser rápido para obedecer todo lo que Dios dice, ¡es el único remedio para avanzar en el reino de Dios en la tierra!

Verá, a menos que un hombre esté dispuesto a abandonarse a sí mismo, su estatus, su buen nombre y su lugar en la historia, etc., el luchará por tener intimidad con Dios.

Verdaderamente es un desafío ser un siervo de dos amos. Ya debe conocer la historia: Amará a uno y odiará al otro o amará al otro y odiará al otro. Recuerde, ¡Dios no tendrá intimidad con los amantes que no le son fieles a Él!

Si nuestro objetivo es conocer al Señor de una manera más íntima, Su fuego purificará nuestros corazones. ¡Consumirá nuestros pensamientos, nuestras emociones y nuestros deseos! ¡Conoce al Señor!

- David Mayorga, *Autor*
McAllen, Texas

Día 1

¿Soy Uno de los Cabecillas de Dios?

"Porque hemos hallado que este hombre es una plaga, y promotor de sediciones entre todos los judíos por todo el mundo, y cabecilla de la secta de los nazarenos." (Hechos 24:5)

En este primer día de encuentro con el Señor para una temporada de ayuno, oración e intercesión, ¡Me encontré con esta porción de las Escrituras con respecto al apóstol Pablo y los muchos enemigos que estaban desatando amenazas contra él por predicar a Cristo sin disculpas!

Creo que esto es algo inevitable, tener tal reacción violenta del enemigo cuando las puertas del infierno están en peligro de perder territorio. Cuando se avanza para el Reino de Dios, el enemigo revelará su fea cabeza y maldad contra el siervo de Dios, criticará y hará todo lo posible para destruirlo., en este caso, ¡fue el apóstol Pablo, el cabecilla! ¡Créeme, el diablo sabe quiénes son los verdaderos cabecillas de Dios!

¡Lo contrario sucede para un hombre que está lleno de religión pero sin fuego! Se sienta bonito sin ningún tipo de ataque y continúa con su vida y ministerio sin ningún cuidado en el mundo. Ahora ¿Por qué sucede esto? ¿Por qué algunos hombres son atacados más severamente que otros??

Yo pienso que el hombre que ha sido marcado por Dios también será marcado por Satanás, convirtiéndolo así en un objetivo por el resto de sus días en la tierra. Si tú, como hombre de Dios, haces el esfuerzo de avanzar en la obra de Dios, después todo el infierno vendrá tras de ti. Decide ahora a quién servirás: ¿Te servirás a ti mismo o servirás a Jesús, el Señor?

¡Poniéndolo Por Obra!

Hoy mi meta es renovar mis votos a Jesús El Rey. Mi voto es que hoy lo hago no sólo Salvador sino Señor de todo, en mi vida. ¡Entrego mis derechos a Él! Todos mis sueños, mis ambiciones, mis planes, mis deseos y todo lo que Él me ha confiado hasta ahora, son todos Suyos y Él puede continuar construyéndolos o destruyéndolos como Mejor le parezca.

Mi Oración Personal

Hazme uno de los cabecillas de Dios en mi generación. ¡Espíritu Santo, te ruego que liberes el fuego de Tu gloria sobre mi cabeza hasta que haya declarado Tu poder a la próxima generación! ¡No quiero irme de esta tierra sin causar un impacto para ti! Amén

Día 2

¿Qué Me Está Deteniendo?

"Entonces me dijo: Daniel, no temas; porque desde el primer día que dispusiste tu corazón a entender y a humillarte en la presencia de tu Dios, fueron oídas tus palabras; y a causa de tus palabras yo he venido. Mas el príncipe del reino de Persia se me opuso durante veintiún días; pero he aquí Miguel, uno de los principales príncipes, vino para ayudarme, y quedé allí con los reyes de Persia. He venido para hacerte saber lo que ha de venir a tu pueblo en los postreros días; porque la visión es para esos día" (Daniel 10:12-14)

Alguna vez sentiste que necesitabas llegar a un lugar determinado, pero por alguna u otra razón, nunca llegaste allí? Lo intentaste una y otra vez hasta que de repente te diste cuenta de que algo te estaba impidiendo llegar allí, tal vez ¿algo invisible?

En mi hora de oración de esta mañana, comprendí esto mientras estaba de pie ante el Señor. He tenido un deseo en mi corazón de encontrarme con Dios, de intimar más con Él, pero últimamente, he sentido que hay algo sobrenatural que me impide llegar allí.

Primero revisé mi corazón para asegurarme de que no hubiera pecado en mi vida; Me cubrí con la sangre de Jesús. En lo que a mí respecta, no hay nada entre mi Padre celestial y yo.

¡Fue aquí donde discerní y reconocí que hay una fuerza espiritual [principado o poder] que me impide llegar al lugar donde mi corazón desea y anhela estar!

Entonces recordé a Daniel ya que en su propia experiencia cuando necesitaba comprensión para las cosas más profundas de Dios: se humillaba y oraba. La oración fue escuchada, pero la respuesta a Daniel fue bloqueada durante veintiún días. ¿Quién hizo esto? La Biblia lo llamó el príncipe de Persia, un principado, una fuerza espiritual.

No fue hasta que el arcángel Miguel, vino a ayudar, que la respuesta fue lanzada y luego la revelación salió a la luz. Definitivamente es algo a considerar en tu tiempo secreto con Dios.

¡Poniéndolo Por Obra!

¿Hay necesidad de evaluar su condición espiritual ante el Señor? ¿Hay una sensación de que algo está obstaculizando tu progreso? Su deseo de ver la voluntad de Dios en su vida puede estar intacto, pero su progreso hacia adelante no está sucediendo

¿Has considerado que tal vez un principado o poder también puede estar obstaculizando tu vida como le sucedió a Daniel? Escudriña tu corazón mientras buscas a Dios para esta revelación.

Mi Oración Personal

Rey Jesús, esta mañana vengo ante Tu glorioso trono para humillarme ante ti. ¿Me permitirás ver y discernir el reino espiritual que me rodea? Siento que hay un obstáculo para mi progreso en llegar a conocerte. ¡Todo lo que está escondido en el reino espiritual, ayúdame a verlo para que pueda derribarlo en Tu nombre Jesús! Amen.

Día 3

¡Adentrándonos en Él!

"Permaneced en mí, y yo en vosotros. Como el pámpano no puede llevar fruto por sí mismo, si no permanece en la vid, así tampoco vosotros, si no permanecéis en mí." (San Juan 15:4)

Esta mañana, durante mi tiempo de silencio con Dios, sentí que fuertes palabras de empoderamiento de Jesús hablaban en voz alta a mi corazón. Mientras lo adoraba, ¡el Señor me hizo darme cuenta de cómo esta única verdad debe ser la orden del día para cualquier verdadero seguidor Suyo!

Una cosa es que permanezcamos en Él y lo llamemos Salvador y Señor, y que lo alabemos y adoremos por todas Sus buenas obras. Sin embargo algo que es completamente diferente es que Él permanezca en nosotros.

Permitir o conceder que Él haga su voluntad en nosotros es definitivamente nuestro llamado más elevado en Dios. Es aquí donde la idea de una vida intercambiada comienza a tomar forma real y hace que nuestra relación con Cristo adquiera un significado más completo.

Como dice la Escritura: **"Permaneced en mí, y yo en vosotros"**, es verdaderamente el modelo para todo aquel que desea caminar cerca de Cristo y anhela en lo más profundo conocerlo, tanto como Pablo anhelaba cuando dijo, **"Lo he perdido todo a fin de conocer a Cristo, experimentar el poder que se manifestó en su resurrección, participar en sus sufrimientos y llegar a ser semejante a él en su muerte...."** (Filipenses 3:10)

Entrar en Él no es solo un cliché, sino una realidad potencial para aquellos que están dispuestos a pagar el precio de morir a sí mismos, dejando espacio en sus vidas para que Jesús crezca en su interior. No es hasta que esta realidad comienza a tomar forma, que un creyente comienza a conocer y comprender realmente el corazón y la mente de Dios.

¡Poniéndolo Por Obra!

Mi objetivo hoy es preguntarme y ser honesto conmigo mismo: "Yo sé que permanezco en Él… pero ¿Él permanece en mí? ¿Le he dado dominio total en cada área de mi vida?"

Mi Oración Personal

Querido Jesús, sé que te he hecho muchas promesas. Algunas las he conservado y otras las he roto. Te pido que me perdones por las que he quebrantado. Tal vez, estaba mirando mis propios intereses y nunca te consideré a ti, ya que estaba quebrantando mis votos contigo. ¡Quiero que PERMANEZCAS en mí! Por favor, no te alejes nunca de mi vida, Dios. ¡No hay nada que prefiera hacer que permanecer en Ti y Tú en mí! Amén.

Día 4

¡El Espiritu de Voluntad!

"Haya, pues, entre vosotros los mismos sentimientos que hubo también en Cristo Jesús, el cual, siendo en forma de Dios, no consideró el ser igual a Dios como cosa a que aferrarse, sino que se despojó a sí mismo, tomando forma de siervo, hecho semejante a los hombres; y hallado en su porte exterior como hombre, se humilló a sí mismo, al hacerse obediente hasta la muerte, y muerte de cruz." (Filipenses 2:5-8)

Estando en la presencia de Jesús esta mañana temprano, el Espíritu Santo me trajo a la mente este mismo tema, el espíritu de disposición. ¿Qué es el espíritu de voluntad? ¡Es un espíritu que está siempre dispuesto a hacer lo que Dios desea! Está más intrigado con el plan y el propósito de Dios que con su propio plan; se ocupa de agradar al Padre en todos los sentidos. Jesús tenía esto.

Porque Jesús estaba dispuesto a despojarse de toda reputación...

Estaba dispuesto a convertirse en siervo. Jesús no consideró humilde ser un siervo de los demás. Él no se vio a sí mismo menos en comparación con los demás simplemente porque les sirvió. Esta es definitivamente una lección que debemos comprender

Él estaba dispuesto a humillarse a sí mismo. La humildad en su forma básica significa poner los deseos del Padre primero que los propios deseos. Jesús dejó todo Su patrimonio celestial por el bien de agradar al Padre. El verdadero servicio nunca se trata de nosotros; ¡siempre se trata de los demás! Hay que lidiar con el hecho de perder reputación o desear ser alguien en este mundo. No podemos amarnos a nosotros mismos y amar a Dios; Él debe tener la preeminencia en todas las cosas. Estaba dispuesto a obedecer hasta la muerte si tenía que hacerlo. Por último, Jesús no solo estaba dispuesto a dejar su buen lugar en los lugares celestiales, sino también morir por causa del propósito de Dios. ¿Cuántos de nosotros estamos dispuestos a dar nuestras vidas hasta el punto de morir por causa del evangelio?

¡Poniéndolo Por Obra!

Mi deseo es evaluar mi corazón y ver si todavía estoy caminando en el espíritu de disposición. No quiero permitir que mi carne o mi viejo yo superen la voluntad de Dios en mi vida. ¿Todavía estoy dispuesto a morir por causa de Cristo? ¿O este fuego se ha ido de mí? Evalúa esto.

Mi Oración Personal

Padre Celestial, veo la vida de Jesús como mi ejemplo. Quiero ser como Jesús en todas las cosas. Quiero que su pasión, deseo y propósito sean los míos. Padre, tomando la vida de Cristo como mi primer ejemplo, quiero también tomar la forma de un siervo y despojarme de mi reputación, sin impor-

tarme lo que nadie piense de mí y de mi celo por Dios. Suelta sobre mí el espíritu de buena disposición en mayor medida en todas las áreas de mi vida. Amen.

Día 5

¡El Poder del Perdón!

"Porque, si perdonan a otros sus ofensas, también los perdonará a ustedes su Padre celestial. Pero, si no perdonan a otros sus ofensas, tampoco su Padre les perdonará a ustedes las suyas." (San Mateo 6:14, 15)

Cuando se trata del tema del perdón, muchos se alejan de la práctica real de hacerlo. Algunas personas siempre están diciendo que debemos perdonar o al menos, hasta que son ellos quienes necesitan hacerlo.

A pesar de lo que cualquiera diga sobre el perdón, ¡Jesús nos manda a hacerlo!

Debemos darnos cuenta de que estamos rodeados de gente y las posibilidades de que nos ofendan siempre estarán presentes. A pesar de esto aunque los demás nos ofenden y lastiman, aún estamos llamados a perdonar a quienes nos hacen daño. Esto es parte del camino angosto por el que Jesús nos llama a caminar.

Cuando pienso en caminar en el poder del perdón, esta es una elección voluntaria que un verdadero discípulo de Jesús debe hacer. Algunos creyentes sienten que pueden salirse con la suya [la falta de perdón] debido al profundo dolor; sin embargo, Dios tiene otros a quienes el Espíritu Santo no les permite guardar rencores, heridas y traiciones.

Permítame preguntarle algo: ¿Alguien lo ha ofendido? ¿Está lastimado por eso? Si está cargando con la falta de perdón, entonces el llamado es perdonar y liberarse de la esclavitud de llevar esas cadenas a su alrededor. La falta de perdón pone cadenas alrededor de tu vida y te ata al dolor.

¿Cómo puede alguien librarse de la falta de perdón que carga contra otra persona? Debemos primero, perdonar de corazón a quienes nos han ofendido; y en segundo lugar, entonces debemos liberarlos orando por ellos.

¡Poniéndolo Por Obra!

Mi objetivo esta mañana es hacer una lista (ya sea visible o mental) de personas contra las que tengo algo en contra debido a ofensas pasadas. Ya sean mis conocidos, amigos o enemigos, debo perdonarlos por TODAS las ofensas y luego orar por la bendición de Dios sobre sus vidas. Solo haciendo esto podemos encontrar la verdadera paz y liberación.

Mi Oración Personal

Señor Jesús, mi oración esta mañana es que me perdones por llevar la falta de perdón en mi corazón hacia las personas que me han ofendido. Te pido que me ayudes a superar esto. Además, no solo quiero perdonarlos, sino que también quiero bendecirlos. ¡Llévame a este lugar más elevado en Dios! Amén.

Día 6

Mantente Orando Hasta Que . . .

"Continuó el Señor: «Tengan en cuenta lo que dijo el juez injusto. ¿Acaso Dios no hará justicia a sus escogidos, que claman a él día y noche? ¿Se tardará mucho en responderles? Les digo que sí les hará justicia, y sin demora. No obstante, cuando venga el Hijo del hombre, ¿encontrará fe en la tierra?" (San Lucas 18:6-8)

En la meditación de hoy, escuché que el Espíritu del Señor me decía que siguiera perseverando en las cosas que me había propuesto hacer en mi corazón. Sentí que el Señor me decía que siguiera adelante y que no me rindiera debido a la forma en que me sentía emocionalmente debido a mi ayuno prolongado.

Rendirse es tan natural para la mayoría de las personas, que la tentación de hacerlo siempre está ahí. Ruego al Señor que me dé la fortaleza para terminar mi carrera. ¡Dios sabe que necesito Su Espíritu para que me fortalezca y me permita volar sobre alas de águila!

Cuando el Señor nos da directrices, estas sirven como motivadores. Proporcionan energía al igual que el combustible proporciona un motor. El Señor me dio varias cosas que hacer en este ayuno y, por Su gracia, ¡tengo la intención de obtenerlas!

Cuando escuché al Señor hablarme hoy, la historia mencionada anteriormente me golpeó. Me reveló lo que realmente ocurre detrás del velo. Esto es lo que deduje: el Señor escucha mi oración y, por alguna razón celestial, no responde de inmediato. En realidad, parece prolongar el proceso de respuesta. A medida que continúo viniendo día tras día en oración, el Señor comienza a notar mi persistencia. ¡Es aquí donde ocurre la magia!

¡El Señor recogerá mi causa por mi persistencia y perseverancia! Esto si lo creo. Aun así, ven Señor Jesús.

¡Poniéndolo Por Obra!

Mi deseo hoy es posicionarme para la respuesta que viene. ¡Sé que Dios ha oído mi clamor y sé que Él me responderá! Mi objetivo es seguir presionando hasta que llegue la respuesta, hasta que se produzca el avance, hasta que Él me responda. También sé que cuando Él responda mi oración, ¡vendrá rápidamente!

Mi Oración Personal

Padre Celestial, necesito tu fuerza hoy. Necesito de tu visión para que mi causa crezca. Necesito que el cielo descienda sobre mí y dirija mis emociones, decisiones y acciones. Necesito un toque de tu Espíritu. Ayúdame, oh Señor, hoy, te lo ruego. Amén.

Día 7

¡Tiempos Para Detenerse y Considerar!

"Escucha esto, Job; Detente, y considera las maravillas de Dios..." (Job 37:14)

Si alguna vez hubo una debilidad de debilidades en nosotros como pueblo de Dios, ¡tendría que decir que es impaciencia! La falta de paciencia para que las cosas se desarrollen o sucedan siempre ha sido una lucha para las personas desde que el mundo comenzó. ¡No es diferente hoy en día nos encontramos en un mundo apresurado!

Hay muchas cosas que nos rodean que si uno realmente se tomara el tiempo de observarlas con cautela, aprenderíamos mucho.

El hacer fila en un banco o hacer fila para pagar en el supermercado, el esperar en un semáforo durante mucho tiempo, deben ser uno de los constructores de carácter más comunes de la historia.

En asuntos más serios, esperar la evaluación de un médico sobre alguna enfermedad o documentos importantes que pueden alterar su curso en la forma en que vive su vida, son todas pruebas de carácter muy duras.

En todo esto, Dios continúa desafiándonos a estar quietos y considerar las obras de Sus manos. Dios hace cosas que solo Él puede hacer y hace que las cosas sean buenas para nosotros a pesar de cómo nos sintamos. Se le puede confiar nuestra vida porque Él busca lo mejor para nosotros. ¡Él hace esto constantemente!

Veamos rápidamente dos palabras hebreas: 1) quedarse quieto: esto significa "estar firme". Estamos llamados a permanecer firmes en quién es Dios. 2) considerar – Esto significa "pensar o considerar detenidamente algo

El llamado que siento del Señor en este momento es quedarme quieto y considerar todo lo que Él anhela hacer. ¡No solo lo que hizo ayer, sino lo que está haciendo hoy y lo que está a punto de hacer en el futuro!

¡Poniéndolo Por Obra!

Quiero aprender a caminar aún más en esto. Tal vez me he asustado un poco por las circunstancias externas y por eso me arrepiento de mi falta considerando lo que Dios puede hacer. ¡Mi corazón anhela ser un hombre que se detiene y considera las obras de Dios!

Mi Oración Personal

Jesús, enséñame a caminar en el poder de permanecer firme y considerando las cosas maravillosas y poderosas que haces en mi vida. Nunca dejes que me conforme con las ideas que ofrece el mundo. ¡No me dejes entrar en pánico cuando el "fondo se cae"! ¡Dame ojos para contemplar tu grandeza en todas las cosas! Amén.

Día 8

¡Estamos En Sus Manos!

"Entonces respondió Jehová a Job desde un torbellino, y dijo…" (Job 38:1)

¿Hay algún momento en el que sientas que todo está perdido y que tu vida está totalmente fuera de control? He estado en este lugar tantas veces. Hago la pregunta por la sencilla razón de que esto incluso les sucede regularmente a las personas de fe.

Si llevas al menos seis meses caminando con Jesús, me puedo arriesgar a decir que ya has enfrentado algún momento de adversidad en tu vida. La Biblia dice algo muy interesante sobre pruebas y tribulaciones. Escuche esto: El oro, aunque perecedero, se acrisola al fuego. Así también la fe de ustedes, que vale mucho más que el oro, al ser acrisolada por las pruebas demostrará que es digna de aprobación, gloria y honor cuando Jesucristo se revele.

Es mi opinión y solo mi opinión, sí siento que Dios permite que se presenten estas situaciones es para despertar nuestra fe y confianza en Jesús. ¿Entendemos verdaderamente cuáles son las intenciones del Señor cuando nuestro mundo nos hace caer en picada? Con demasiada frecuencia, nuestras vidas se basan en estar seguros y en modo de control de crucero, por así decirlo.

Sin embargo, el Espíritu del Señor tiene otra cosa en mente. ¡Es para entrenarnos en el área de la fe y ver a Dios incluso cuando es invisible! ¿Me entiende? Veremos el fruto de nuestra perseverancia.

A medida que se nos desafía en nuestra fe, sepa que Dios no nos abandonará ni desamparará; el Señor hablará desde el torbellino y nos traerá palabras de consuelo, paz y gozo. ¡Él sigue siendo Rey sobre las inundaciones!

¡Poniéndolo Por Obra!

Mi intención hoy es confiarle a mi Rey mi vida entera. Quiero caminar a ciegas con Él y saber que en cada instancia y en cada paso, Él está observando cada uno de mis movimientos.

Mi Oración Personal

¡Precioso Jesús, abre los ojos de mi corazón y libera sobre mí la capacidad de ver Tu mano poderosa guiando el camino! Tengo tanta necesidad de tu presencia en mi vida. ¡Por favor, guíame, Espíritu Santo! Habla mi Señor, habla mi Señor, porque tu siervo escucha. Amén.

Día 9

¡El Fuego Violento de Su Presencia!

"Sucedió que Pablo recogió un montón de leña y la estaba echando al fuego cuando una víbora que huía del calor se le prendió en la mano...." (Hechos 28:3)

Es mi creencia y he vivido para ver esto: nada expone nuestro pecado y nuestro compromiso como el fuego de Dios puede hacerlo. Permítanme agregar también esto: ¡Nada expone los defectos de nuestro carácter como el fuego purificador de Dios! ¿Has descubierto que esto es cierto?

¿Dónde encontramos esta clase de fuego? ¿Dónde se puede experimentar o sentir este fuego? Debo decir que este fuego solo se puede encontrar en la presencia misma de Dios. Cuando el fuego del Señor se enciende en tu corazón porque has pasado mucho tiempo en oración y ayuno, ¡su fuego quemará y consumirá toda la escoria en nosotros!

O el Espíritu Santo trae convicción a nuestro ser descarriado, o Él permitirá que surja una crisis en medio de nosotros, para probarnos y consumir la oscuridad que ha estado latente en nuestra vieja naturaleza.

La necesidad de Su fuego santo nunca ha sido mayor en nuestros corazones; ¡necesitamos Su fuego consumidor!

Ya no es suficiente tener experiencias externas. La lectura de la Biblia, los cantos de adoración y las oportunidades para ayudar a los menos afortunados nunca sustituirán la presencia manifiesta de Dios en nuestra vida. Tiene que haber algo más que seguir los movimientos de ser cristiano. ¡Nuestros corazones deben ser agitados violentamente por Su Espíritu!

Una nota de interés y digna de atención es esta: Donde

no hay vida de oración (la clase que manifiesta la presencia de Su gloria), no habrá fuego celestial consumidor. ¡Si no hay fuego, entonces la oscuridad vendrá y arrastrará a ese siervo de Dios al abismo! Selah.

¡Poniéndolo Por Obra!

El deseo de mi corazón es experimentar Su presencia manifiesta cada vez que me encuentro con Él. No quiero vivir una vida de oración que no produzca en mí Su fuego santo. ¡Quiero vivir con la urgencia de que el fuego de Dios se requiere diariamente, no solo en los encuentros especiales, sino también en los cotidianos!

Mi Oración Personal

¡Espíritu Santo, escucha mi clamor! No solo quiero tu fuego, sino que me doy cuenta cada vez más de cuánto lo necesito. ¿Visitarás mi frío corazón? ¿Me manifestarás tu gloria a diario? ¡Oh! ¡Espíritu precioso, deja que tu fuego venga y consuma todas mis tinieblas y egoísmo! Amén

Día 10

¡Qué Final!

"Así que el Señor bendijo a Job en la segunda mitad de su vida aún más que al principio...." (Job 42:12)

¡Qué final tuvo Job! La forma en que Job comenzó este viaje difícil; uno nunca imaginaría que las cosas terminarían en un estado tan bendito para este hombre. Ni siquiera creo que Job tuviera idea de hacia dónde se dirigía todo esto: sus pruebas, sus amigos locos y su encuentro tardío con Dios en el capítulo treinta y ocho. ¡Wow!

Mientras reflexionaba sobre las palabras escritas aquí en Job 42:12, solo puedo ser superado por la misericordia de Dios sobre este hombre Job. ¿Merecía Job esto? ¡Probablemente no! ¿Por qué Dios le quitaría todo a este hombre y luego se lo devolvería todo multiplicado?

Yo creo que el Señor bendice por una temporada con la intención de usarnos para bendecir a otros. Una vez que pasa esa temporada, Dios viene y se lo lleva todo y procede a prepararnos para la siguiente temporada de nuestras vidas. No siempre sucede de esta manera, pero por lo que parece, parece que toda la creación funciona de esta manera, así como, las cuatro estaciones del año.

Esto es lo que creo que les sucede a los siervos de Dios cuando sienten hambre por más de Dios:

Creo que Dios los visita primero, luego Dios evalúa su estado espiritual actual. Una vez completada la evaluación, el Señor procede a eliminar todo lo que aprecian con tanta tenacidad. Una vez que se han quitado todas las cosas materiales, una vez que todos los derechos se han entregado a Dios, el hombre es purificado por la mano de Dios. Una vez que el hombre es purificado por el fuego del Espíritu Santo, se le pueden confiar de nuevo los bienes de Dios. ¡Es aquí, donde Dios se derrama de Sí mismo en este hombre nuevo y todo lo que ese hombre recibe será en forma refinada!

¡Poniéndolo Por Obra!

Mi objetivo hoy es permitir que el Espíritu Santo evalúe mi estado espiritual. Dios sabe que anhelo agradarle en todo. Obviamente, mi corazón se ha aficionado a muchas cosas terrenales, pero en mi espíritu, anhelo tocar a Dios; dentro de mí, ¡hay un anhelo incesante de verlo una vez más en toda Su gloria!

Mi Oración Personal

Rey Jesús… ¡Tú conoces mi anhelante corazón! Solo puedo pedirte que te manifiestes a mí como el "¡Gran Yo Soy!" ¡Anhelo conocerte no solo como en los años de antaño, sino también en el ahora! Llévame a Tu lugar secreto y déjame descansar allí. Amen.

Día 11

¡Un Fuego Inextinguible!

"Y Pablo permaneció dos años enteros en una casa alquilada, y recibía a todos los que venían a él, predicando el reino de Dios y enseñando acerca del Señor Jesucristo, con toda libertad y sin obstáculo alguno." (Hechos 28:30, 31)

¿Tuvo Pablo momentos difíciles? ¿Pablo sufrió mucho por causa del evangelio del reino? ¡Vale más que lo crea! En todo esto, el Apóstol Pablo ni siquiera consideró renunciar o darle la espalda a Cristo. ¡Sin duda era deudor de todos los hombres!

Su mensaje era simple: predicar el reino de Dios y enseñar con toda confianza las cosas que conciernen al Señor Jesucristo. Este era el corazón de Pablo.

¿Cuál es el mensaje del reino de Dios?

El mensaje del reino de Dios es un mensaje de que Dios Padre ha enviado a Su Hijo unigénito al mundo; para que todo aquel que en El cree, tenga vida eterna. ¡Que pueda ser restaurado a su lugar y propósito original en Dios, a través de Cristo!

Además, Pablo también tenía otra carga: Estar ocupado en las cosas que conciernen al Señor Jesucristo. ¿Cuáles son esas cosas? ¿Qué cosas conciernen a Cristo? Yo creo que estas cosas tienen que ver con nuestra fidelidad a Jesús; Nuestra pasión por Jesús y nuestra obediencia a Jesús a pesar de la adversidad [la carne, el mundo y el diablo.]

Al ofrecer nuestros corazones en devoción a Cristo, asegurémonos de que nuestra devoción se haga con fuego, pasión y obediencia.

¡Poniéndolo Por Obra!

Al meditar en la vida de este gran apóstol, se me presenta el desafío continuo de seguirlo con un celo de todo corazón. ¡No creo que haya una manera más fácil de agradar al Padre que ofrecer TODO en el altar del sacrificio!

Como el autor del Himno lo expresó tan elocuentemente:
Todo a Jesús me rindo
Todo a Él le doy libremente
Yo siempre amaré y confiaré en Él
En Su presencia viven diariamente

Mi Oración Personal

Señor mío, escucha mi humilde clamor. No tengo lo que se necesita para llegar al lugar que mi corazón anhela. Vivir como este gran apóstol siempre será mi pasión. ¡Llévame allí, toma todo de mí! Hoy Jesús, te necesito más que nunca. ¡Haz que mi oración y mi ayuno cuenten para algo! Amén.

Día 12

En Todas las Cosas, ¡Den Gracias!

"...Dad gracias en todo, porque ésta es la voluntad de Dios para con vosotros en Cristo Jesús." (1 Tesalonicenses 5:18)

Esta mañana me desperté con el deseo de dar gracias a Dios. Por más difíciles que parezcan las cosas a mi alrededor, el Señor dice que debo dar gracias en todas las cosas. ¡Debemos aprender a dar gracias por fe, no porque nos sentimos bien o solo cuando nos sentimos bien!

Por más adversa que parezca la vida y por más difícil que parezca una situación, sepa siempre que es Dios quien nos ha traído a este lugar; es un lugar donde uno es quebrantado para Dios y por el bien de Dios, lo que a su vez nos llevará a nuestro destino en Dios.

Puede que las cosas no nos estén yendo muy bien, sin embargo, se nos ordena dar gracias en todo. Obviamente, la mayoría de las personas no dan las gracias ni siquiera cuando las cosas van bien, ¡mucho menos cuando las cosas no se ven bien! No dejes que ese seas tú. Mira a tu alrededor, Dios está alrededor de ti. Da las gracias ahora.

Aquí hay algunas cosas que comencé a escuchar que el Espíritu del Señor compartió conmigo:

- ¡Sé agradecido por estar vivo! Dios nos ha dado una vida para que le reconozcamos por ella.

- Sea agradecido por el pan de cada día. La provisión de Dios sobre usted y su familia es un testimonio de la fidelidad de Dios. ¡Él ha hecho cosas grandiosas!

- Be thankful for your lot in life. Todo lo que ha enfrentado en el pasado, las cosas que enfrenta ahora y las cosas que enfrentará en el futuro. ¡Dios lo ha hecho así!

¡Poniéndolo Por Obra!

El aprecio por todo lo que Dios es y por lo que Dios ha hecho en mi vida siempre debe ser el centro de atención. Dar gracias al Señor siempre debe ser una prioridad. Mi meta hoy es reconocer la grandeza y fidelidad de Dios en mi vida, familia y ministerio. ¡Debo aprender que estoy donde estoy, simplemente porque Dios tiene intenciones de entrenarme aquí!

Mi Oración Personal

Padre, perdóname por no reconocerte a diario. Por favor, aviva mi corazón para ser un hombre que conoce el valor de "dar gracias en todo". No quiero perderme lo que estás haciendo en mí y a mí alrededor. ¡Enséñame el arte de apreciar! Amén.

Día 13

¡El Negocio de Reparación de Dios!

"Él sana a los quebrantados de corazón, Y venda sus heridas." (Salmos 147:3)

Durante mi tiempo de ayuno y oración, Dios me ha estado mostrando Su corazón. Cómo se siente sobre ciertos asuntos y cuáles son sus verdaderas intenciones para mí. Siento que mi vida está más en sintonía con Su propósito y plan; y cómo Él está alineando mis emociones y sanando mi corazón de dolores y heridas pasadas.

Estar bajo la cubierta del Señor es verdaderamente algo hermoso. Permitir que Él sea Tu Sanador es realmente la clave para ser sanado internamente. Es mi convicción, que separados de Él, no podremos vencer el dolor interior. Permítame compartirle lo siguiente...

Mientras pasaba tiempo en oración hoy, el Señor me dio una visión: En esta visión vi la mano del Señor cosiendo piezas de tela. Las dos piezas de tela parecían haber sido cortadas por la mitad y ahora las estaban volviendo a unir. ¡Noté que el Señor comenzó a coser de abajo hacia arriba! Otra cosa que noté fue que el Señor no tenía prisa en tratar de terminar este proyecto sino que estaba cociendo con paciencia y perfección. Recuerdo haber pensado: "¿Cuándo terminará Él a esa velocidad?" Terminó la visión.

Si has pasado por alguna prueba dolorosa o estás enfrentando un desgarro en tu vida, déjame decirte esto: ¡Dios te va a sanar! Puede llevar algo de tiempo hacerlo, pero eventualmente Él te restaurará. ¡Él vendará tus heridas y sanará tu corazón roto!

¡Poniéndolo Por Obra!

Mi deseo hoy es aprender a ser paciente con todo lo que Dios está haciendo en mi vida, aunque no sea fácil,

¡es un deber! Confiarle a Dios el proceso de sanidad es algo muy difícil de hacer cuando estás profundamente herido y te encuentras emocionalmente gravemente herido. La mayoría de las mejores lecciones de la vida se aprenden en el horno de fuego de la adversidad

Mi Oración Personal

¡Dulce Jesús, por favor sostenme ahora! Te necesito más que nunca. Sé que puedo confiar en ti con mi vida entera. Nunca me dejes caer en manos de mis propios pensamientos malvados; permíteme ver Tu gloria en mi lucha. ¡Ayúdame a ponerme de pie! Amén.

Día 14

¿Experimentando Más de Él?

"En ti confiarán los que conocen tu nombre, Por cuanto tú, oh Jehová, no desamparas a los que te buscan..."
(Salmos 9:10)

En gran parte de la predicación y enseñanza de nuestros días, que en mi opinión, es superficial en contenido y vacía de poder espiritual, la gente queda vacía y destituida en su espíritu. ¡La falta de poder espiritual y autoridad proveniente del siervo del Señor, tiene que ser una de las expresiones y representaciones más vergonzosas de Cristo en la iglesia hoy!

Hay muchas palabras elaboradas, pensamientos intelectuales, oraciones bien construidas, ilustraciones impresionantes y como si eso no fuera suficiente, la teatralidad acompañada de un gran sistema de iluminación, parece estar a la orden del día en el ministerio de la predicación.

Digo todo eso para decir esto: A pesar de todo lo externo, el poder de Cristo no está presente. ¡Hay gente hablando de Alguien que ni siquiera conocen! Estoy hablando de Cristo el Señor. Quiero decir, saben de Él, ¡pero no lo conocen!

Gran parte de la lucha de la gente hoy en día es que no conocen a Cristo como Rey y Señor; puede que lo conozcan como Salvador, pero no lo conocen como un Dios íntimo que desea tener intimidad con nosotros.

Al tratar de superar situaciones y circunstancias difíciles o hacer todo lo posible por estar de pie en medio de la adversidad, no necesito saber quién es Jesús, ¡necesito conocerlo, como la Persona que Él es! ¿Ve esto?

Note las palabras anteriores en el Salmo 9, "Y los que

conocen Tu nombre… en Ti confiarán". La palabra conocer en hebreo significa "conocer por experiencia". No es saber acerca de Él, sino experimentarlo. ¡Si lo conocemos a Él, Él se encargará de todo lo demás! Yo creo esto.

¡Poniéndolo Por Obra!

¡Hoy me he propuesto en mi corazón conocer o mejor dicho, experimentar a Cristo de manera más profunda! Es mi anhelo y el deseo de mi corazón llegar a ser más íntimo con mi Señor y Rey. A través de la oración en ayunas, puedo ver y experimentar cómo esto está surtiendo efecto incluso ahora.

Mi Oración Personal

Jesús, hoy abro todo mi ser para conocerte de manera más íntima. Tengo tanta necesidad de conocerte y complacerte con toda mi vida. Te he visto en Tu gloria en el pasado; ¡Estoy clamando por otro toque de Tu gloria en mí! Amén.

¡Viviendo Dentro de la Esfera y El Tiempo de Dios!

"Y de una misma sangre ha hecho toda nación de los hombres, para que habiten sobre toda la faz de la tierra; y les ha prefijado el orden de las estaciones, y las fronteras de sus lugares de residencia;..." (Hechos 17:26)

Al cerrar quince días de mi ayuno de oración hoy, el Espíritu del Señor me recordó las notas que había preparado para mi seminario de hoy. Enseñé cómo el Señor nos ha puesto a todos en Su tiempo y Su espacio para que vivamos poderosamente para Él dentro de Su voluntad perfecta.

Hay una esfera, un entorno y un tiempo específico

que Dios le ha asignado a Su creación donde pueden aprender acerca de Él. Sí, la meta es aprender acerca de Él, amarlo y servirlo con devoción incondicional.

En mi búsqueda de Dios, me he dado cuenta de que cualquier cosa fuera de Su esfera y tiempo, no me resultará. Traerá dolor, confusión, ira e incluso rebelión total a mi vida.

Cuando el Señor nos creó, nos colocó en algún lugar,- ese lugar tiene un tiempo y un lugar. Es este tiempo y lugar que Dios usa para hacer su obra en nosotros. Los límites que Él nos ha dado no son para restringirnos sino para protegernos. Debemos saber esto.

Con demasiada frecuencia, no nos gusta dónde nos han colocado. Tendemos a quejarnos y lloriquear acerca de nuestra suerte en la vida. ¡Para su conocimiento, este comportamiento solo entorpece el plan de Dios para nuestras vidas!

El tiempo y el espacio donde Dios nos ha colocado, es

una gran parte del proceso de madurez para nosotros. No podemos darnos el lujo de descartarlo; no podemos tomarlo a la ligera, no sea que acabemos en el lugar equivocado en el momento equivocado y terminemos mal como consecuencia de nuestra falta de comprensión.

¡Poniéndolo Por Obra!

He permitido que el Espíritu de Dios me enseñe las cosas más profundas del Señor durante mi tiempo de ayuno y oración, y definitivamente esta es una de las cosas que Dios ha destacado en mi vida como una necesidad. Necesito aprender a vivir en la esfera que Dios me ha dado y moverme en el tiempo que Dios me ha permitido tener. Mi objetivo es ser paciente con cualquier proceso que Dios pueda tener reservado para mí.

Mi Oración Personal

Bendito Rey... por favor perdona mi corazón ansioso. Sé que estos son tiempos de crecimiento en revelación; tiempos de adentrarnos en la profundidad de tu Espíritu. ¡Por favor, tómame con Tu amor y haz que corra detrás de Ti como para complacerte siempre! Amén.

Día 16

¡Desde el Polvo de la Tierra!

"Entonces Jehová Dios modeló al hombre de arcilla del suelo, y sopló en su nariz aliento de vida, y fue el hombre un ser viviente." (Génesis 2:7)

Después de buscar a Dios y empujarme hacia Él durante este ayuno, sentí que hoy era el comienzo de un nuevo nivel de intimidad con Él. Me ha tomado dieciséis días de oración y ayuno para llegar a este lugar donde todo comienza a desarrollarse.

Mientras pasaba algún tiempo de calidad leyendo y meditando en la Palabra de Dios esta mañana, el Espíritu Santo vino y comenzó a enseñarme acerca de mi posición en Dios. El Señor me permitió ver el valor de lo que significa ser formado del polvo y la gran importancia de que Él sople en mí su espíritu de vida diariamente.

A menos que entendamos lo que Dios tenía en mente cuando originalmente creó al hombre del polvo, y a menos que veamos cuál es nuestra postura ahora cuando nos acercamos al Señor en oración, ¡quizás nunca entendamos la razón por la cual la presencia de Dios visita a algunos y no a otros!

Para empezar, estamos llamados a depender de nuestro Padre celestial para todo. La Escritura dice que incluso Jesús mismo oró: "Danos hoy nuestro pan de cada día". ¿Ve lo que estoy diciendo?

Nuestra postura siempre debe ser la del polvo (humildad) ante Dios; ahora, en la presencia del hombre, debemos vivir una vida de realeza, pues esta es nuestra nueva posición en el mundo. Dios nos ha hecho reyes y sacerdotes para nuestro Dios.

¡Poniéndolo Por Obra!

Hoy mi meta es entrar en la realidad de lo que realmente soy ante el Señor - nada más que polvo. ¡Esta es mi llave de acceso a la presencia de Dios! Que mi corazón anhele estar siempre en esta postura; ¡siempre teniendo en cuenta que Él me hizo para ser un portador de Su aliento! También, saber que sin una revelación de este tipo, será imposible entrar en una mayor plenitud de Cristo.

Mi Oración Personal

Señor Jesús, gracias por visitar mi corazón hambriento esta mañana. Espero tener más encuentros contigo y que tu Espíritu me muestre cosas que aún tengo que aprender. ¡Te amo mi Señor y Rey! Amén.

Día 17

¡Reconoce las Artimañas del Diablo!

"Vestíos de toda la armadura de Dios, para que podáis estar firmes contra las artimañas Del diablo. Porque no tenemos lucha contra sangre y carne, sino contra principados, contra potestades, contra los dominadores de este mundo de tinieblas, contra huestes espirituales de maldad en las regiones celestes." (Efesios 6:11, 12)

Palabras, pensamientos, ideas, imágenes y muchos más métodos de comunicación se acercan a nosotros para tratar de disuadirnos de donde Dios nos ha colocado. Todo en el mundo está en contra de Cristo y Su iglesia. Uno debe ser consciente de que el enemigo trabaja incansablemente para deshacer todo lo que Dios ha construido.

En mi meditación de hoy, puedo ver cómo el enemigo

nos permitirá tener una victoria y disfrutarla inmensamente ayer, ¡pero hoy no! Él luchará con un fin en mente: apagar el fuego de Dios que recibiste recientemente del Señor. ¿Se has dado cuenta de esto?

Ahora Efesios nos dice que nos vistamos de toda la armadura de Dios para que podamos estar firmes contra las asechanzas del diablo. ¿Cuáles son las asechanzas del diablo? Las artimañas son trucos o manipulaciones diseñadas para engañar a alguien. Las artimañas del diablo son esos ingeniosos planes usados por Satanás para atraparnos a través de la tentación, la amenaza o la intimidación.

¡Mantente en Guardia!

He visto esto en mi vida y quizás usted lo haya experimentado también: una vez que obtenemos una victoria, tendemos a conformarnos; nuestra postura de guerra cambia a celebración y deponemos nuestras armas. ¡Es aquí donde el enemigo entra como una inundación y nos arrastra! ¿Sabe lo que estoy diciendo?

Espero que sí.

¡No podemos descansar de nuestra batalla! Si celebramos con una deliciosa comida, ¡entonces sostenga la cuchara o el tenedor en una mano y sostenga la espada con la otra mano! ¡Debemos estar siempre en modo guerra!

Mi compañero soldado en el ejército de Dios, si has caído, entonces levántate rápidamente una vez más. No se trata de cuántas veces nos caemos, sino de lo rápido que nos levantamos. ¡La batalla no se acaba hasta que se acaba! Yo te digo: "¡Levántate en el nombre de Jesús!"

¡Poniéndolo Por Obra!

He experimentado este tipo de derrota innumerables veces; ¡es muy desolador! ¡Haces todo esfuerzo por obtener la victoria sobre la tentación y el pecado solo para ver que todo se desvanece por el espíritu de slumber! Mi meta es levantarme en Su Nombre hoy contra todas las asechanzas del diablo y no aceptar sus planes.

Mi Oración Personal

Padre Celestial, hoy vengo a ti con un espíritu de arrepentimiento por haber bajado la guardia y permitido que las mentiras del enemigo me alejaran de Tu presencia. ¡Por favor, perdona mi fe vacilante! Te pido que limpies mi corazón y mi mente y restablezcas la pasión por Jesús una vez más. Amén.

Día 18

¡El Llamado a la Fidelidad!

"¡Auxilio, oh Señor, porque los justos desaparecen con rapidez! ¡Los fieles se han esfumado de la tierra!." (Salmos 12:1)

David vio venir algo; vio que los siervos piadosos del Señor estaban siendo desafiados. ¡Él vio que muchos de los que una vez fueron brasas ardientes para Dios, habían dejado de arder!

Si David hubiese estado vivo hoy, viviría con el corazón continuamente quebrantado por este asunto. Si las cosas estaban mal en los días de David, ¿Se imagina el día de hoy? Nunca ha habido una tentación tan grande y una maldad tan grande en contra de los siervos del Señor, como lo estamos experimentando hoy.

A modo de recuerdo, permíteme decirte: El llamado de Dios para ti y para mí, es permanecer fieles a pesar de toda la maldad que nos rodea. Estamos llamados a levantarnos y ser luz en medio de un mundo oscuro y frío.

El desafío de caminar en la pureza de mente y de corazón debe tener prioridad en el hombre de Dios; ¡cualquier cosa menos que un compromiso total con la cruz de Cristo no es suficiente!

¡Señales de Declive!

David dijo: **"¡El hombre piadoso cesa!"**. Lo que esto significa es que antes de que un hombre comience a mostrar señales o características de infidelidad, su brújula moral se ha visto comprometida y, en consecuencia, sus estándares se han rebajado.

Una vez que un hombre ha sacado de su corazón la ley de Dios, lo primero que le abandona es el discernimiento de lo que es santo y divino; entonces se pierde su orden de seguir al Rey Jesús por donde quiera que vaya; y finalmente, ¡Su pasión ardiente por agradar a Dios se calma!

Es cierto, los fieles desaparecen por falta de santidad y separación de este sistema mundano. Si el mundo capta nuestra atención, nos seducirá y nos llevará a un torbellino de desesperación. Inicialmente, puede que no lo veamos de esta manera, puede que luchemos contra él y digamos: "¡Yo no!", pero como Jesús sabiamente profetizó **"…Y la sabiduría ha sido justificada por todos sus hijos."** (San Lucas 7:35)

¡Poniéndolo Por Obra!

Mi meta hoy es vigilar esta área de mi vida: el área de santidad para el Señor. Debo buscar al Señor con esta mentalidad: ¡conocer y agradar al Padre en todo! Además, llegar a un mayor entendimiento de que el Señor mismo me ha apartado para sí mismo y que puedo continuar morando en ese mismo lugar donde Dios me ha puesto.

Mi Oración Personal

¡Precioso Espíritu Santo, mi oración esta mañana es que yo sea un hombre piadoso que nunca deje de arder con un fuego intenso ante Ti! Que siempre anhele complacerte siendo fiel a todo lo que me pidas que haga por Ti y por el avance de Tu reino. Amén.

Día 19

¡Siempre Delante de Mí!

"A Jehová he puesto siempre delante de mí: Porque está a mi diestra no seré conmovido." (Salmos 16:8)

En mi tiempo devocional con Dios esta mañana, entré en el Salmo 16 versículo 8. Qué poderosa revelación del Señor para mí, cuando David el salmista reveló el secreto de su éxito en Dios.

Al leer la Palabra de Dios, uno puede entrar en el corazón de Dios y conocer Sus intenciones. Con los principios descritos a medida que las personas siguen el orden y los mandatos divinos de Dios, uno puede descubrir qué hace que la vida sea fructífera y verdaderamente abundante en Dios.

De hecho, si usted y yo permitimos que el Espíritu Santo nos enseñe con mayor profundidad los estilos de vida de los personajes bíblicos, ¡también estaremos caminando en mayor plenitud!

David dijo: **"A Jehová he puesto siempre delante de mí..."** Lo que David realmente está diciendo aquí es que él ha elegido voluntariamente, poner a Dios delante de él, NO detrás de él, sino delante de él, donde David puede ver a Dios en todo momento! Guau.

¡Debemos aprender esto para tener éxito en Dios mis queridos amigos!

El resultado de hacer esto, también se menciona aquí. Escuche esto: ¡Porque Dios está en ese lugar en particular o ha sido puesto allí por David, (donde David puede verlo), no será movido, sacudido ni vacilante! ¿Ve ahora por qué David fue una persona tan exitosa?

En mi caminar con Jesús, siempre debo ser el seguidor. Él debe estar primero y yo debo estar justo detrás de

Él: este es el orden divino. Si permito que Cristo sea mi líder, ¡nunca me faltará la dirección por el resto de mis días!

¡Poniéndolo Por Obra!

Hoy, el Espíritu Santo me recuerda que debo evaluar toda esta idea de poner a Cristo delante de mí. Para asegurarme de que Él es el que conduce mi vida y yo la sigo obedientemente con atención y humildad. Hacer esto es una garantía segura de éxito en cualquier área. Lo contrario a esto también es cierto.

Mi Oración Personal

Espíritu Santo, recuérdame que siempre sea un humilde servidor. Ayúdame a poner a Jesús en primer lugar en todo. Su opinión y Su agenda siempre deben tener prioridad. Después de recibir instrucción del Señor, arreglaré mi vida según Sus órdenes, no arreglaré mi vida según lo que yo quiera. Amén.

Día 20

¡Hasta que Esté Satisfecho!

"En cuanto a mí, veré tu rostro en justicia;
Al despertar, me saciaré de tu semblante." (Salmos 17:15)

¿Alguna vez has estado en el lugar donde anhelas que suceda algo pero no estás completamente seguro de si alguna vez sucederá? ¿Alguna vez tu corazón ha sentido tanta anticipación por algo que viene pero no sabes cuándo o qué es? Me he sentido así durante este ayuno prolongado.

Recientemente he estado experimentando más de un entumecimiento espiritual en mi alma. Lo que quiero decir con esto es que mi corazón y mi mente se sienten entumecidos. No estoy seguro de estar haciendo un buen trabajo explicando esta emoción, pero es lo mejor que puedo hacer para expresar mis sentimientos.

Cuando me propuse ayunar por un tiempo prolongado, me presenté ante el Señor en busca de respuestas y dirección para mi vida, mi matrimonio y mi ministerio. De una forma extraña, estas cosas se me han ido juntando, pero mi estado emocional es bastante insensible.

Sin embargo, compartí todo eso para decir que mi espíritu se siente muy diferente. Mi espíritu está lleno de anticipación, casi como si supiera algo que yo no. Es algo que Dios ha mantenido alejado de mí a propósito hasta un momento dado. Como dijo el escritor en Cantares de Salomón: "¡Dormí pero mi corazón velaba!" Actualmente estoy experimentando esto.

Mi alma está cansada y sin emoción; sin embargo, en mi espíritu, tiene sed y hambre de más Su presencia. David dijo algo muy profundo aquí: **"Estaré satisfecho cuando despierte a tu semejanza"**. ¡Este es el mismo anhelo que tengo, que para ser satisfecho, debo despertar a Su semejanza!

¡Poniéndolo Por Obra!

Mi plan es mantenerme ocupado en buscarlo en Su palabra, permitir que Su Espíritu ilumine mis ojos y que mi corazón permanezca flexible ante Él. También, la paciencia debe ser practicada en un grado más alto y la humildad junto con la contrición de corazón, deben ser abrazadas con más fervor.

Mi Oración Personal

Padre Celestial, ¿quién me conoce mejor que Tú? Vengo ante Ti con acción de gracias y aprecio por Tu gran misericordia para conmigo. Estoy muy agradecido por mi suerte en la vida y por todas las oportunidades que me has brindado para crecer y madurar en tu amor. Mi simple oración es que me enseñes a caminar en Tu paciencia; también, para que vea la bendición de mis caminos y no me desanime con lo que ven mis ojos naturales, y oyen mis ojos naturales. Me encomiendo a Tu cuidado, mi precioso Padre amoroso. Amén

Día 21

¡Se Trata de Su Poder!

**"Unos confían en carros, y otros en caballos;
Mas nosotros del nombre de Jehová nuestro Dios nos
acordamos."** (Salmos 20:7)

En mi búsqueda de Dios esta mañana temprano, llegué a la realidad de cómo Dios hace que las cosas sucedan para Sus hijos. ¡Todos los avances son logrados por Su Espíritu Santo!

En nuestra forma natural de pensar, tendemos a asumir que las cosas suceden simplemente a través del esfuerzo humano. Con demasiada frecuencia, nos hemos sentido desilusionados por esta forma de pensar. Nos preparamos para el fracaso, cuando tratamos de descifrar a Dios. ¿Has hecho esto? Quiero decir, ¿eres culpable de haber hecho esto?

Mientras meditaba, el Señor me recordó que Su obra la realiza Su Espíritu. Las obras de Dios no son hechas por nuestro intelecto, habilidad o talento. Dios usará nuestro talento y habilidad, pero las cosas no se inician por nuestra propia acción.

De hecho, cuando las cosas son iniciadas por nosotros o se originan en nuestra propia mente, generalmente no termina bien. A menos que el Espíritu del Señor sea Quien inicie la idea, terminaremos en un naufragio espiritual.

Con mucha frecuencia he escuchado a creyentes suplicar a Dios acerca de cierto asunto o situación adversa en la que se han metido; quieren que Dios intervenga en algo que Dios nunca inició. ¡Se lanzaron a las profundidades y ahora necesitan desesperadamente un salvavidas!

Usted y yo estamos llamados a movernos por el poder

del Espíritu. Esto es lo que he aprendido: lo que sea necesario para que avance en mi vida, si soy paciente y aprendo a esperar la palabra profética de Dios, ¡vendrá una liberación para avanzar!

Si somos pacientes y estamos en sintonía con Dios, cosecharemos una maravillosa cosecha de bendiciones.

¡Poniéndolo Por Obra!

Creo que con demasiada frecuencia me he cansado e impacientado con el Señor. ¡He sido culpable de adelantarme demasiadas veces y no estoy feliz por eso! De hecho, las consecuencias han sido devastadoras. Como dice la Escritura anterior, **"Algunos confían en carros y otros en caballos..."** Esta declaración tiene que ser la más contundente de todas las frases, porque mi carne tiene tendencia a confiar en lo que puedo ver y sentir, y no en la palabra profética de Dios.

Mi Oración Personal

Esta mañana vengo a ti mi Rey y Señor una vez más. Mi oración es que me establezca en tu palabra profética y no en mi propia interpretación de la vida. Quiero ver las cosas desde tu perspectiva; Quiero sentir Tu corazón y comprender Tus intenciones para mí. Señor, ayúdame a caminar contigo en el nivel más alto posible. ¡En este ayuno, muéstrame Tu rostro y Tu gloria una vez más! Amén.

Día 22

¡Voy a Esperar!

"Ciertamente ninguno de cuantos esperan en ti será confundido;
Serán avergonzados los que se rebelan sin causa...."
(Salmos 25:3)

Profundizando en este ayuno, me encuentro con muy pocas palabras para decir y muy pocas peticiones para hacer. El ayuno ha sido un desafío en muchos sentidos, pero aún más desafiante a medida que aprendo a esperar en Dios para que Su Espíritu me dirija en el camino que debo seguir, sin mencionar los pensamientos que necesito para renovar mi mente para esta temporada.

La Escritura que usé aquí surgió de mi tiempo devocional mientras meditaba sobre los planes del Señor para mi futuro. La petición aquí es para que Dios honre a aquellos que esperan en Él. La palabra esperar significa [esperar en alguien,] tener confianza en alguien; especialmente en lo que respecta al futuro.

Creo que hay temporadas en las que el Señor nos tiene en espera; cuando digo esperar, me refiero a esperar. No se puede hablar de movimiento hacia adelante; y ninguna emoción que acompañe nuestros actos de obediencia, ¡simplemente esperar en Dios hasta que Él nos revele y nos dé poder!

He aprendido un principio importante mientras he ayunado estos días, he aprendido que Dios es soberano y que Él hace lo que tiene que hacer cuando siente que tiene que hacerlo. Mi actitud debe ser la de un siervo que espera pacientemente que Dios hable o dirija por medio de Su Espíritu.

Creo que no seré avergonzado por esperar en Dios. Él tomará mi causa y no me negará nada de lo que anhela mi corazón. ¡Confío plenamente en Él y no me rendiré hasta que venga en una revelación gloriosa!

¡Poniéndolo Por Obra!

Como he estado en quietud de espíritu ante el Señor, es mi deseo profundizar más en Su corazón. Mi anhelo de que Él aparezca y me muestre Su rostro ha aumentado. Ahora, en mis emociones, no las siento en sintonía con mi mente; por lo tanto, debo proseguir por fe, hasta que el Señor desate Su bendición.

Mi Oración Personal

Querido Espíritu Santo, ¡necesito ver a Jesús! ¡Mi corazón anhela tener un avance en el Espíritu, pero siento que hay caminos por recorrer hasta que toque el borde de Su manto! Tengo una gran necesidad de encontrarme con mi Rey cara a cara. ¿Me ungirás y me ayudarás a llegar allí, precioso Espíritu? Amén.

Día 23

Lo Amo, Pero ¿Lo Respeto?

"¿Quién es el hombre que teme a Jehová? Él le enseñará el camino que ha de escoger. Gozará él de bienestar, Y su descendencia heredará la tierra. El secreto de Jehová es para los que le temen, Y a ellos hará conocer su pacto." (Salmos 25:12-14)

Con demasiada frecuencia escucho a creyentes clamar por más de Cristo; por una mayor revelación de Su Espíritu y Su palabra; sin embargo, muy pocos de nosotros clamamos por una mayor revelación de lo que significa temer al Señor.

En el Salmo escrito arriba, la palabra temor significa tener un profundo respeto por alguien, principalmente Dios. La definición de respeto en el Diccionario Webster se define de esta manera: un acto de dar una atención particular: CONSIDERACIÓN. a: consideración alta o especial : ESTIMACIÓN. b: la cualidad o el estado de ser estimado.

Mis queridos amigos, en mi búsqueda del corazón de Dios, he descubierto que el verdadero acceso a una mayor revelación de quién es Cristo, comienza con temerlo, respetarlo; es aquí donde encontraremos la llave secreta que abre todas las puertas en Dios. Como también dice la Escritura, **"El temor del Señor es el principio de la sabiduría."** (Proverbios 9:10)

Una vez que entendamos que esta es la forma de conocer a Dios de manera más profunda, Él procederá a enseñarnos de la manera que Él elija. Él no puede enseñar a alguien que no lo respeta; ¡Él no puede influir en un corazón que está dispuesto a agradarse a sí mismo y no a Dios!

Al entrar en esta vida, no hay nada más que prosperidad y benditas promesas para aquellos que andan en Sus caminos. Recuerde: ¡Sus caminos no son nuestros caminos! ¡Hay un camino totalmente diferente para aquellos que eligen temerle!

Al cerrar estos pensamientos, el Salmo también afirma que el secreto del Señor está con los que le temen y además agrega que, "Él les mostrará Su pacto".

¡Poniéndolo Por Obra!

El deseo de esta mañana es aprender a caminar en el temor del Señor en un grado mayor y más responsable. No quiero perderme nada de lo que Dios ha estado guardando para mí. Deseo que Dios me confíe continuamente sus secretos; ¡Que el Señor revele sus más profundos anhelos sobre mí!

Mi Oración Personal

Bendito Salvador, hoy te adoro con todo mi corazón. Eres la razón por la que tengo vida. Me has llamado tuyo y no quiero decepcionarte mi Señor y Rey. Por favor, mantenme en el camino estrecho y no permitas que el maligno venga y me toque. ¡Te amo jesus! Amén.

Día 24

¡Una Cosa Que Deseo!

"Una sola cosa he pedido a Jehová, y la vengo buscando:
Que repose yo en la casa de Jehová todos los días de mi vida,
Para contemplar la hermosura de Jehová, y para inquirir en su templo..." (Salmos 27:4)

Esta meditación de David debe estar en el corazón de todo verdadero buscador de Cristo. Estar tan enamorado de Dios, es a lo que aspiran los verdaderos adoradores. ¡Cuenta conmigo!

Buscando a Dios durante mi ayuno prolongado, he llegado a este lugar de desear lo mejor de Dios para mi vida, mi matrimonio, mi ministerio y cualquier cosa que Él esté dispuesto a revelar. Es un verdadero clamor en mi espíritu.

Mientras oraba y masticaba esta porción de las Escrituras, llegué a entender que el corazón de David deseaba **"morar en la casa del Señor todos los días de [su] vida."** Por noble y humilde que fuera esta petición, esta no era la verdadera razón de David para querer estar en la casa del Señor. Su verdadera razón viene en la siguiente línea: **"Para contemplar la hermosura de Jehová, y para inquirir en su templo..."**

Para mí es obvio que David había experimentado algo muy diferente a la mayoría de sus amigos o contemporáneos. ¡David no era ajeno a la belleza de Dios! ¡David había experimentado a Dios de muchas maneras y ahora regresaba por más! David también conocía los secretos de Dios y quería pasar toda su vida aprendiendo de Dios.

Permítanme decir que no hay templo en el mundo tan hermoso que me llame la atención, y especialmente que no me retenga allí por el resto de mi vida. Pero que la presencia de Dios me visite; para que el Espíritu Santo me permita contemplar la belleza del Señor, ¡ahora puedo ver por qué David deseaba estar en el templo del Señor!

¡Poniéndolo Por Obra!

Es mi deseo hoy hacer de este anhelo por la belleza del Señor mi verdadera pasión. El ministerio es grandioso; pero ministrarle a Él y contemplar Su hermosura, ¡es aún mayor! ¡Deseo crecer en este deseo apasionado de verlo en toda su hermosura!

Mi Oración Personal

Mi precioso Señor y Padre, por favor ayúdame a crecer en los deseos de Dios. Quiero experimentar más de lo que experimentó David; ¡Así que ayúdame a buscarte como lo hizo David! Durante esta temporada de oración y ayuno, Señor, haz que te vea todos los días. Amén.

Día 25

¡El Arte de Torcer!

"Espera en Jehová; Ten valor y afianza tu corazón; Sí, espera en Jehová." (Salmos 27:14)

¡Qué versos! El salmista David dice aquí: **"Espera en Jehová; Ten valor y afianza tu corazón..."** - Wow. ¿Había escuchado alguna vez palabras tan consoladoras de un ser humano? Este hombre conocía a Dios; este hombre entendió la fidelidad de Dios; sí, ¡David estaba convencido de que si solo esperaba en Dios, todo estaría bien! ¿Ha experimentado usted coacción en su propio corazón? ¿Qué tal el desánimo o la falta de amor o aceptación? David encontró refugio esperando en el Señor.

Ahora, veamos la palabra *esperar* en su hebreo original. La palabra *esperar* significa lo siguiente: (prob. orig. torcer, estirar, luego de la tensión de aguantar, esperar: Asirio ḳuʾû II, I esperar, ḳû, Arabic (qawiya) ser fuerte, (quwwatun) fuerza, tambien un hilo de cuerda; Syriac (qawi) aguantar, permanecer, esperar, (qwoye) hilos como de una telaraña).

Muchas de las palabras hebreas son pictóricas, por lo que en su definición siempre pintan un cuadro.

Esto es lo que creo que David vio. Esperar en el Señor, lo que significaba para David, era un hilo que se enroscaba con otro hilo. Creo que David se vio a sí mismo como un hilo y también vio a Dios como un hilo. Esperar simplemente significaba tomar dos hebras de hilo y hacerlas una [entrelazándolas] torciéndolas. Procedió a decir que si esperamos en el Señor, ¡Él fortalecerá nuestros corazones!

Aquí está la revelación: esperar en Dios significa que nos volvemos uno con Dios. ¡Es aquí donde se encuentra nuestra fuerza, se encuentra en nuestra intimidad con Jesús!

¡Poniéndolo Por Obra!

Estoy personalmente en una temporada de espera. No es tan fácil como David lo hace parecer. De hecho, es quizás una de las cosas más difíciles de hacer, si está buscando respuestas rápidas. Esperar en el Señor, es para los que quieren madurar en Dios; ¡Esperar en Dios nunca es fácil para la carne, sin embargo, es la única manera de salir de cualquier muerte! David entendió esto y es mi deseo entenderlo también.

Mi Oración Personal

Oh, mi Rey hermoso, hoy me humillo ante Tu trono. Necesito tu ayuda; Necesito Tu fuerza! ¡A dónde más puedo ir para encontrar los deseos de mi corazón cumplidos, sino aquí inclinándome ante Ti! Esta mañana entrego mi tiempo, mis talentos, mis ambiciones y todo lo demás que se me ocurre. Pongo todas mis preocupaciones a Tus pies y vengo como un mendigo que busca un toque de Ti. ¡Tócame, oh Dios! Amén.

Día 26

¡La Visión de la Roca!

"Altar de tierra harás para mí, y sacrificarás sobre él tus holocaustos y tus ofrendas de paz, tus ovejas y tus vacas; en todo lugar donde yo haga que esté la memoria de mi nombre, vendré a ti y te bendeciré. Y si me haces altar de piedras, no las labres de cantería; porque si alzas herramienta sobre él, lo profanarás..."
(Éxodo 20:24, 25)

Esta mañana temprano, el Espíritu Santo vino a mí en un sueño. Permítanme compartir este sueño profético con ustedes: En este sueño en particular, vi una roca. La roca era algo larga y muy sólida. De repente, la roca se partió por la mitad. Después de esto, dos manos aparecieron de la nada y una pieza estaba sujeta con la mano derecha y la otra pieza con la mano izquierda.

Después de esto, escuché una voz que decía: "¡Únelos con pegamento!". Entonces llegó una respuesta diciendo: "Si usas pegamento, lo arruinarás; ¡No podrás volver a unirlo nunca más a su forma original! Fin del sueño.

Mi interpretación de lo que yo creo que el Señor me mostró:

Me vino al corazón la Escritura que usé en la cúspide de esta devoción: **"Si me haces un altar de piedra, no lo edifiques con piedras labradas con herramienta, porque si usas tu herramienta en él, lo profanarás."**

Lo que el Espíritu Santo me mostró aquí fue que hay cosas que Dios no permitirá que se arreglen con la habilidad humana, con el razonamiento humano o con el talento humano. De hecho, Dios dice que si usas herramientas humanas, las profanarás. ¿Por qué diría Dios algo como esto?

Permítanme definir la palabra *contaminar*. La palabra *profanar* en Hebreos significa hacer inmundo. ¡El Señor no quiere que ninguna carne toque Su obra! Él no quiere ningún tipo de contaminación en las cosas que Él pone Su sello. Suficiente charla.

¡Poniéndolo Por Obra!

Mi corazón hoy anhela agradar a mi Dios en todas las cosas. No quiero hacer nada que Él no apruebe. ¡No quiero involucrarme en nada que profane mi vida o me deje sin poder!

Mi Oración Personal

Jesús, enséñame a escuchar tu voz durante este tiempo de ayuno y oración. ¡Trae el avance sobre mí! ¡Quiero caminar en una dimensión diferente con una mentalidad celestial fresca para Tu gloria! Amén.

Día 27

¡Las Cosas Preciosas Tienen un Alto Costo!

**"Por la noche nos visita el llanto,
Pero a la mañana viene la alegría.."** (Salmos 30:5)

¿Alguna vez se ha preguntado cuándo terminará una temporada y comenzará otra? ¿Alguna vez ha dicho: "¡cien diez grados [Fahrenheit] otra vez!? ¿Me pregunto cuándo terminará todo este calor? En algunas partes del país, la temporada de invierno es larga y gris, mientras que en otras partes del país el clima es extremadamente caluroso e insoportable. ¿Todo termina por nuestras quejas? ¡Obviamente no! ¿Nuestro llanto hace que Dios se lo lleve todo? ¡Pues no!

Entonces, ¿qué hacemos con el clima austero? ¿Qué hacemos cuando nos enfrentamos a algo que no nos gusta o no apreciamos? ¡Lo soportamos de todos modos! Todo funciona para nuestro propio bien; nos enseña a ser pacientes y más perseverantes.

Déjeme decir algo sobre la paciencia. La paciencia es fruto de la madurez. A medida que estamos siendo probados, se está trabajando en nuestra paciencia. A medida que perseveramos con aplomo intencional, ¡descubriremos que Dios tiene algo al final de la prueba! Por lo general, no lo vemos cuando nos enfrentamos a la adversidad, pero no dejes que eso inunde tu corazón: ¡veremos Su gloria!

Cada vez descubro más, a medida que continúo con mi ayuno, que las cosas de valor tienen un precio alto para ellas. Las cosas de valor precioso no son baratas. Sea lo que sea lo que mi corazón desea, no es barato; de ahí la agonía de excavar, buscar y esperar.

El salmista dijo: "El llanto puede durar una noche; pero el gozo viene por la mañana." ¡Lo mismo ocurre con la lucha que uno tiene cuando busca lo mejor de Dios! ¡Es doloroso pero gratificante! ¡Solo los que pagan el precio se llevan el oro a casa!

¡Poniéndolo Por Obra!

Hoy he puesto mi corazón en seguir perseverando junto al pozo. Mi meta es permanecer en mente, alma y espíritu, hasta que llegue la respuesta. ¡Quiero conocer a Dios de la manera más profunda y caminar en Su lugar, con gran intensidad!

Mi Oración Personal

Mi humilde oración hoy Jesús, es alcanzar un mayor conocimiento y sabiduría de Ti. Quiero entender las cosas que mueven Tu corazón. ¡Quiero seguirte con un corazón apasionado y siempre con mucha conciencia de cuán íntimo soy contigo o no!. Amén.

Día 28

¡A Semejanza de Su Resurrección!

"Porque si fuimos plantados juntamente con él en la semejanza de su muerte, así también lo seremos en la de su resurrección; conocedores de esto, que nuestro viejo hombre fue crucificado juntamente con él, para que el cuerpo del pecado sea reducido a la impotencia, a fin de que no sirvamos más al pecado." (Romanos 6:5, 6)

Si hay algo que estoy empezando a entender cada vez más durante mi tiempo de ayuno y oración, es esto, ¡el poder de la resurrección de Jesús!

Mi corazón está lleno de deseo de convertirme en aquello por lo que Cristo murió. Honrar a Jesús Rey diciéndole que su muerte no fue en vano, y que todo lo que hizo por mí dará fruto, ¡tiene que ser el mayor honor!

Sé que en nuestras instituciones hoy en día, nuestras iglesias, todavía se les hace creer a las personas que Cristo murió en el Calvario para que pudieran ser bendecidos y no tener que sufrir nunca más; sin embargo, de alguna manera, este mensaje desvía a la gente. Enseña a las personas a recibir y no a dar, a recibir sanidad y no a sanar a los demás, a estar llenos de sí mismos y no negarse a sí mismos.

Cuando reflexiono sobre las palabras que se encuentran en Romanos 6:5, a semejanza de Su resurrección, muchas cosas pasan por mi mente y mi corazón. Me desafía de una manera directa a pensar como lo hizo Jesús, hablar como lo hizo Jesús y actuar como Jesús actuó mientras estuvo en la tierra. ¡La vida de resurrección es la vida de Cristo manifestada con confianza, poder y autoridad! ¡Algo menos que esto no sería Cristo!

Muchos han hecho del cristianismo un conjunto de

reglas, conductas y rituales. El poder de la resurrección no tiene un manual aparte de la vida de Cristo mostrada. ¿Qué nos falta entonces? ¡Nos falta el poder de la resurrección de Jesús en nosotros!

Cuando muramos al yo, resucitaremos en poder; ¡No hasta que muramos, vendrá el poder!

¡Poniéndolo Por Obra!

He estado anhelando que Dios me use. ¡Dios ha estado deseando que muera! ¡La muerte viene antes que la resurrección! **"Si la semilla no cae en tierra y muere, permanece sola. Si muere, entonces dará mucho fruto,"** dijo Jesús.

Mi Oración Personal

¡Camina conmigo Rey Jesús y llévame a este lugar de mayor fecundidad! Quiero rendir toda mi vida a ti. ¡Por favor, ayúdame a comprender Tu corazón de manera más profunda y a moverme en gran ascendencia! Amén.

Día 29

¡Superando Las Decepciones!

"¿Por qué te abates, oh alma mía, Y por qué te turbas dentro de mí? Espera en Dios; porque aún he de alabarle, Salvación mía y Dios mío.." (Salmos 42:11)

¿Alguna vez le has fallado a la gente? Por personas me refiero a amigos, familiares, y luego están aquellos que son realmente cercanos a ti. Me refiero a aquellos que te admiran, que confían en ti, que harán cualquier cosa para verte triunfar.

No hay nada más humillante y difícil de superar que cuando otras personas han sido heridas o traicionadas por ti. ¡No es nada fácil de superar! La sensación de fracaso es tan abrumadora que muchos se han aislado y desesperado.

Anoche el Señor me dio un sueño muy poderoso. Soñé que estaba trabajando en algo en mi oficina y uno de los miembros de mi personal entró en mi oficina. Cuando me acerqué para saludarlos, me empujaron hacia atrás. Vi su rostro y pude ver que había mucha desilusión por algo que les había hecho o les había cometido. Fin del sueño.

En retrospectiva con respecto a cualquier evento en el que se falla a las personas, he aprendido que la humildad y las disculpas sinceras son los métodos de Dios para superar la desgracia que uno siente por fallar a los demás. ¡Es muy fácil criticarte y castigarte por hacerlo!

¿Sabes a qué me refiero?

En el Salmo 42:11, descubrí que el salmista escribe acerca de sentirse abatido en su interior. La emoción de estar inquieto por dentro es muy dolorosa y puede acabar paralizando mucho a cualquiera. Sin embargo, en toda la emoción abatida, el salmista se eleva por encima de la tempestad y la tormenta y dice **"¿Por qué te abates, oh alma mía, Y por qué te turbas dentro de** mí? Espera en Dios; porque aún he de alabarle, Salvación mía y Dios mío."

La clave para superar la sensación de fracaso es poner tu esperanza en Dios y esperarlo expectante. Continúa alabando a Él, ¡solo Él puede sacarte del lodo, porque Él es Dios!

¡Poniéndolo Por Obra!

Debo mantener una postura de alabanza y adoración siempre ante Él, para no ser derribado por la autocompasión, la culpa y la vergüenza. Debo permitir que el Espíritu Santo sea mi guía en cualquier evento decepcionante en mi vida. ¡Él es la ayuda de mi semblante!

Mi Oración Personal

Precioso Espíritu Santo, esta mañana me entrego a Ti. ¡Sana mi corazón quebrantado! Te adoro, oh Señor, Amante de mi alma. Llévame a través de la tempestad y las tormentas que enfrento todos los días. Sé que me harás estar de pie en cualquier situación. Amén.

Día 30

¡La Excelencia de la Sabiduría de Cristo!

"Un abismo llama a otro a la voz de tus cascadas; Todas tus ondas y tus olas han pasado sobre mí..." (Salmos 42:7)

En mi tiempo de conocer a Jesús mi Señor, he llegado a comprender que ¡Él es más real que real!

He puesto mi corazón como el pedernal para ir en pos de Él y crecer en el conocimiento de Él. ¡No estoy hablando de una religión es el conocimiento de conocer a esta asombrosa Persona llamada Jesucristo!

Tengo un cartel en mi oficina que dice: "Por la mañana, ¡dame a Jesús!". Esto es lo que quiero que sea mi legado. ¡Quiero ser conocido como un hombre de Dios, que vivió y murió por Jesús! No tengo otra pasión más profunda en mi vida, que no sea crecer y conocer a mi Dios de manera más profunda.

En mi búsqueda de Dios, he encontrado a muchos otros que buscan lo mismo. Se han puesto en la disposición de tocar a Dios y ver su gloria. Esto es genial.

Lo triste es esto: esos hambrientos y apasionados buscadores de las cosas más profundas del Señor, no son tantos como te imaginas. Ellos son los pocos fieles que conforman la generación de Jacob aquí en la tierra. Estos son los vasos de Dios que no se han puesto delante del Señor. Sí, estos son los que lo han dejado todo como Pablo lo pone tan maravillosamente en Filipenses cuando dice: **"Sin embargo, todo aquello que para mí era ganancia, ahora lo considero pérdida por causa de Cristo. Es más, todo lo considero pérdida por razón del incomparable valor de conocer a Cristo Jesús, mi Señor. Por él lo he perdido todo, y lo tengo por estiércol, a fin de ganar a Cristo y encontrarme unido a él. No quiero mi propia justicia que procede de la ley, sino la que se obtiene mediante la fe en Cristo, la justicia que procede de Dios, basada en la fe."**

¡Poniéndolo Por Obra!

Cualquier cosa que me ayude a conocer a Dios es lo que quiero practicar. ¡Solo hay una búsqueda eterna que vale la pena seguir y es conocer a Cristo de una manera más profunda! ¡Quiero más de Jesús y, por la gracia de Dios, tendré más de Jesús!

Mi Oración Personal

Rey Jesús – es mi simple oración esta mañana llegar al lugar de la revelación del conocimiento y deseos más profundos en el mover de Dios para mi vida. No quiero perderme nada de Dios! Espíritu Santo, guíame hoy con un corazón apasionado. Amén.

Día 31

¡Venciendo el Espíritu de Anarquía!

"De manera que la ley a la verdad es santa, y el mandamiento santo, justo y bueno." (Romanos 7:12)

¿Alguna vez alguien a quien amas y respetas te ha dicho que hagas una determinada cosa, pero en el fondo no quieres hacerlo? ¿Te molesta cuando alguien te desafía de alguna manera o forma? Aquí hay algunos ejemplos: Un día esa persona puede llamarte y decirte: "Estás subiendo mucho de peso; si yo fuera tú, comenzaría a hacer ejercicio". Estas palabras, por alguna razón, terminan molestándote tanto, y puedes expresarlo, o puedes reprimirlo, pero la emoción que obtienes es de ira y rebelión hacia esas palabras [o ley]. De repente te encuentras luchando contra algo que no esperabas encontrar dentro de ti: ¡se llama el espíritu de la anarquía!

Este espíritu de anarquía habita dentro de cada ser humano y sus características son muy comunes.

Permítanme explicar más: cuando se conduce por una zona escolar, las luces parpadean y el límite de velocidad es de 24 km/h. Ves las luces, ves la señal, pero algo muy dentro de ti dice: "Está bien, ve un poco más rápido". Empiezas a razonar por qué debes ir un poco más rápido; ¡O por qué no estáis bajo ninguna ley sino sólo la ley de Dios! ¡Luego procedes a acelerar cuando de repente el policía te detiene por exceso de velocidad en una zona escolar! [¡Ay! Déjame decirte que la multa te enseñará una gran lección.]

La ira profunda dentro de ti cuando el policía tal vez no te está regañando, sino desafiando tu juicio, es inevitable, hasta que te humillas ante Dios y te das cuenta de que el espíritu de anarquía sacó lo mejor de ti y ¡te arrepientes!

Pablo dice que **"la ley es justa y buena"**. La ley de Dios por su propia naturaleza, condena. Señala con el dedo y nos llama, si lo estamos rompiendo. Esto es lo que se supone que debe hacer la ley: dictar condena por cualquier mala conducta.

Ahora bien, lo bueno de la ley de Dios es que nos lleva a Cristo. Tenemos la oportunidad de arrepentirnos después de que la ley de Dios nos haya declarado culpables de pecado. Una vez que la sangre de Jesús sea aplicada y nuestros corazones sean restaurados al Padre, Su gozo inundará nuestros corazones una vez más. ¡De esto se trata caminar con Jesús!

Aunque la ley de Dios trae juicio; Su sangre es más que suficiente para cubrir mis manchas culpables. Porque el juicio será sin misericordia para aquel que no haga misericordia; y la misericordia triunfa sobre el juicio. (Santiago 2:13). ¡Gracias Jesús!

¡Poniéndolo Por Obra!

Debo ser mejor en estar en guardia a través del Espíritu del Señor, para luchar contra el espíritu de anarquía en mi propia vida. He visto a este horrible espíritu derribarme innumerables veces. Es mi deseo vencerlo por el poder de Dios.

Mi Oración Personal

Espíritu Santo, esta mañana me entrego a Tu dirección. Anhelo tener victoria sobre mi carne todos los días. Te pido que liberes un mayor nivel de discernimiento, para que yo pueda obtener una victoria continua sobre el espíritu de anarquía. ¡Solo en Ti pongo mi confianza, precioso Espíritu del Dios viviente! Amén.

Día 32

Los Mansos!

**"Pero los mansos heredarán la tierra,
Y se recrearán con abundancia de paz."** (Salmos 37:11)

Hay un secreto con Dios: Los humildes heredarán la tierra. La Escritura establece claramente un principio sobre cómo obtener posesión de la propiedad por una determinada forma de ser. ¡A través de la humildad, uno se convierte en heredero de la propiedad que está en manos de otra persona en el poder!

¿Es realmente la humildad lo que nos lleva allí? ¡Pues claro que no! El Señor nos lleva a Su fin deseado por nuestra actitud de ponerlo a Él primero en nuestras vidas y en cada decisión que tome. Las personas humildes son personas que han sido quebrantadas por el Señor, así como un caballo es quebrado por su jinete antes de que el caballo entre en el entrenamiento.

Una vez que el Señor encuentre a una persona mansa, la moldeará en el vaso que necesita. Una vez formados y entrenados, Dios procederá a usarlos para Su bene-plácito, principalmente para expandir Su reino aquí en la tierra, usando sus dones y talentos.

Ahora, un individuo humilde, no se deja llevar por el orden, la emoción, el estatus, las riquezas, las ambi-ciones y las agendas mundanas. ¡Él sigue el corazón del Señor porque Él está poseído por él!

Una vez que la persona comprende a cabalidad que todo don bueno y perfecto proviene del Padre de las Luces, puede descansar con la plena seguridad de que Dios tiene su vida en la palma de Sus manos. Ya no teme, duda ni se angustia por los problemas y circun-stancias de la vida.

La humildad nos hace humildes; si nos volvemos man-sos, Dios habitará en abundancia en nosotros; si Dios está habitando, ¡entonces la paz fluirá como un río! ¡Es la paz de Dios lo que queremos siempre!

¡Poniéndolo Por Obra!

Mientras medito en la bondad del Señor hoy, recuerdo que, aunque las cosas a mí alrededor pueden no estar en el lugar apropiado para mi gusto, Dios sigue siendo el Rey del Universo. Él sigue siendo el Señor de mi corazón y de todo mi ser. ¡Todavía es digno de todos mis elogios! ¡Mi deseo es ser un vaso manso para Él!

Mi Oración Personal

Señor hoy te invoco por fortaleza en mi hombre interior. Tengo anhelo de conocerte, pero hoy tengo muy poco fervor. Necesito que me visites una vez más y vivifiques mi carne mortal. Ven Espíritu Santo, te lo ruego. Amén.

Día 33

¡Increíble Amor!

**"Por Jehová son afianzados los pasos del hombre,
Y él aprueba su camino.
Cuando cayere, no quedará postrado,
Porque Jehová sostiene su mano."** (Salmos 37:23-24)

Caminar con Jesús tiene que ser la experiencia más maravillosa que se le dé al ser humano. Digo esto por el sentido del liderazgo de Dios en mi vida. Hay un sentimiento asombroso en lo profundo de mí que dice: "¡Dios está caminando contigo sin importar dónde te encuentres David!"

A veces, en mi caminar con Dios, tengo la sensación de que me quedo solo para enfrentarme a la vida. Pero el hecho es que ¡nunca estoy solo! En realidad, el Señor continúa día tras día ordenando mis días. Dios tiene maravillosos planes para todos los que siguen su liderazgo.

¿Qué significa que los pasos de un hombre bueno son ordenados por el Señor? Orden significa ser establecido; o establecido. En otras palabras, el Señor ya ha ordenado mi vida y me guía por Su Espíritu en el camino que debo seguir.

¿Significa que Su camino es perfecto para mí, tal como Él lo delineó? ¡Sí! Su camino ya está diseñado para mi éxito y alegría personal. Ahora bien, si elijo permitirme seguir otro camino; si me desvío del camino intencional de Dios para mí, terminaré cayendo [siendo empujado hacia abajo por la gravedad] en un pozo.

Lo interesante de mi relación con Dios es esto: ¡Él no permitirá que me abata por completo! Él no permitirá que siga cayendo en mi propio engaño por mucho tiempo. La Escritura dice que Él me sostendrá con Su mano. ¡Ahora, eso es misericordia en acción!

A pesar de mis tendencias rebeldes, mi actitud descarriada y mis arrebatos de terquedad, el Señor continúa guiándome por el camino de la justicia para Su complacencia.

¡Gracias Rey Jesús por estar siempre delante de Mí, aun cuando no Te reconozco en medio de mi desorden!

¡Poniéndolo Por Obra!

¡Qué cosa tan humillante es esto! Saber que Dios está ahí sin importar lo que haga o a dónde decida ir. Su misericordia es inmutable y se renueva cada día. ¡Por esto estoy más que agradecido con mi Dios! ¡Mi deseo hoy es reconocer Su fidelidad y Su amorosa pasión por mí!

Mi Oración Personal

Una vez más amado Padre, me siento humilde al ver tus brazos amorosos rodeándome. ¿Merezco este increíble amor? ¡Sé que no! Sin embargo, no puedo escaparme de Tu abrazo. Eres tan bueno conmigo, incluso cuando no merezco tan-

to amor. Recibe mi adoración esta mañana Jesús. Te amo.
Amén.

Día 34

"Señor, Abre Mis Ojos!"

'Abre mis ojos, y miraré...'" (Salmos 119:18)

Mientras estaba en la oración de la tarde de hoy, el Espíritu Santo plasmo en mí algunos pensamientos profundos sobre la visión. Me habló del valor de tener una visión no solo para lo natural, sino también para lo espiritual.

De hecho, todo lo que Dios ha creado, es puesto en movimiento por Su palabra hablada. Su palabra hablada tiene un poderoso efecto creativo, y de todo lo que el Señor profetiza o habla, ¡se materializan cosas!

En mi búsqueda de Su corazón, el Señor reveló algunas cosas interesantes que quiero compartir con ustedes a lo largo de las líneas de visión o la bendición de ver lo que Dios dice o hace.

Primero, quiero que veas esta Escritura: **"Donde no hay visión, el pueblo se extravía..."** (Proverbios 29:18a) La palabra visión significa una experiencia religiosa o mística de una aparición sobrenatural, (que imparte un mensaje) generalmente a través de un sueño.

Si algo es cierto aquí, es que sin una visión del cielo, estamos limitados aquí en la tierra. Si no experimentamos los movimientos sobrenaturales de Dios en nuestra vida a través de la revelación profética, ¡estaremos limitados en nuestro pensamiento, habla y en la forma en que actuamos!

Ahora, la Escritura claramente establece que sin visión, **"la gente se extravia."** ¿Cómo es eso? Lo que eso significa es que sin una revelación fresca del Señor, la gente no sabrá qué hacer, qué decir o cómo actuar. ¡Serán liberados y dejados para que se enfrenten a la vida por su cuenta sin el liderazgo de Dios!

Al meditar estas palabras en mi corazón, me doy cuenta de que mucho de lo que me rodea a diario está dirigido por fuerzas espirituales. O estoy siendo fortalecido por el Señor a través de Su Espíritu Santo y Sus mismas palabras; o estoy siendo preparado para el fracaso por fuerzas espirituales de maldad en lugares altos, ¡todos con una agenda para destruir mi destino en Dios!

Mi deseo esta tarde es conocer la mente y voluntad del Señor para mi vida. Además, no permitir que las situaciones externas gobiernen mi mundo interno. Al contrario, vivir de adentro hacia afuera. Permitir que Dios gobierne y reine en mi vida y vivir mi vida desde esa perspectiva a diario.

Mi Oración Personal

Espíritu precioso de Dios, por favor abre mis ojos para que pueda ver todo lo que has destinado para mí. Ayúdame a ver Tu mano obrando en mi vida; ayúdame a ver los arreglos de amor que has hecho conmigo. ¡No quiero perderme nada de lo que ya has alineado para mi vida!. Amén.

Día 35

Guiado Por El Espíritu!

"Porque todos los que son guiados por el Espíritu de Dios, estos son hijos de Dios." (Romanos 8:14)

Solo hay una verdadera forma de vivir para Dios: ¡es siendo guiado por Su Espíritu! Todo lo que no sea el liderazgo del Espíritu Santo es carne y eventualmente terminará en corrupción.

Las Escrituras son claras acerca de quiénes son los hijos de Dios, son aquellos que son guiados por el Espíritu de Dios. Ser guiado significa someterse voluntariamente a una acción o curso (debido a la influencia). Los verdaderos hijos de Dios se dejan influenciar por el Espíritu de Dios.

He estado en este camino desde hace algunas semanas, orando y ayunando, con el propósito de alinear mi vida con la voluntad de mi Padre celestial, para una intimidad más profunda con Jesús y una mayor comunión con el Espíritu Santo.

Necesito más del liderazgo del Espíritu en mi vida; en realidad, ¡lo necesito más de lo que necesito mi próximo aliento! Habiendo dicho todo esto, me he aventurado a buscar Su corazón con pasión y deseo de todo corazón.

En los últimos días, el Espíritu Santo me ha estado hablando sobre mi posición en Dios. Él quiere que comprenda lo que significa para Él ser el primero en mi vida. Junto a esto, me ha hablado del orden divino y de cómo hay que hacer las cosas!

Hay cosas que no entiendo sobre la forma en que Dios hace las cosas, pero confío en Su liderazgo. ¡No me quejaré ni criticaré el liderazgo de mi Dios! En todo esto, debo permitir que Él sea el gobierno en mi vida.

No quiero tomar la iniciativa porque no conozco el desierto como Jesús lo conoce.

He decidido hacer muchos cambios en mi vida para poder acomodar Su voluntad para mi vida. El estilo de vida de ayuno debe convertirse en parte de todo mi ser. ¡Debo permitir que el Espíritu Santo obre en mí ya través de mí! Este cambio debe arraigarse de inmediato.

Mi Oración Personal

¡Espíritu Santo, has sido mi Guía desde el comienzo de mi camino con Jesús! Me has guiado en las buenas y en las malas; ¡Me has llevado una y otra vez, en alas de águila! Si no fuera por Ti, Espíritu del Dios Vivo, me habría desesperado y me habría dado por vencido. ¡Gracias Padre por el Espíritu Santo prometido! Guíame Señor, yo te seguiré. Amén.

Día 36

No Se Cansen!

"No nos cansemos de hacer el bien, porque a su debido tiempo cosecharemos si no nos damos por vencidos." (Gálatas 6:9)

¡Quiero aprovechar este momento para expresar mi agradecimiento al Señor! Quiero reconocer Su poder protector y cómo me ha mantenido en la lucha durante las últimas semanas durante mi ayuno prolongado.

Quiero decir también, que ha sido un verdadero desafío para mi carne en todas las formas posibles.

Los juegos mentales están más allá de lo que cualquiera pueda imaginar; la lujuria por las delicias mundanas y todo lo que tiene para ofrecer, están muy presentes. Sin embargo, Dios ha sido fiel. ¡Aunque caiga, sé que Él puede hacerme estar en pie!

Mientras contemplaba la embestida de las tentaciones y toda clase de deseos impíos, el Espíritu Santo trajo esta palabra a mi mente: **¡Al único Dios, nuestro Salvador, que puede guardarlos para que no caigan, y establecerlos sin tacha y con gran alegría ante su gloriosa presencia..."** (San Judas 1:24) ¡Un punto muy interesante aquí es que Dios puede guardarnos de tropezar y también puede hacernos estar firmes en la presencia de Su gloria sin mancha!

Al enemigo le encantaría reírse y ridiculizar al hombre de Dios que se postula para una mayor bendición en su vida, pero el Señor será su fortaleza y refugio y lo exaltará a un lugar de mayor abundancia.

La fe en quién es Él y en lo que puede hacer se ha puesto de manifiesto una y otra vez; ¡la capacidad de caminar en plena victoria se ha magnificado y el diablo lo sabe!

La palabra del Señor para hoy es: **"¡No te canses de**

hacer el bien!" Hay un tiempo para un gran avance justo por delante. ¡Simplemente no te rindas!"

No es cosa fácil ayunar muchos días, mucho menos vencer muchas tentaciones mientras se tiene hambre. Con razón Jesús tuvo una de sus batallas más grandes en el desierto contra Satanás en Mateo 4. Sin embargo, en todo esto, Jesús se comprometió con el Padre y su Palabra. ¡Esto debo hacerlo a diario para obtener la victoria!

Mi Oración Personal

Jesús, vengo a Ti hoy con el corazón apesadumbrado. Te pido que me lleves de nuevo. Limpia mi mente, mi corazón y mis manos del pecado. Purifícame en Tu fuego y ayúdame a ser un vencedor lleno de Tu gloria y fuerza. ¡Si alguna vez te necesité, Señor, es ahora! Amén.

Día 37

¡Vencedor!

"Pues considero que las aflicciones del tiempo presente no son comparables con la gloria venidera que ha de manifestarse en nosotros." (Romanos 8:18)

Los vencedores son una raza de siervos de Dios que ven el final desde el principio. Estos sirvientes no ven todos los asuntos que suceden en la vida diaria como algo a lo que dedicar mucho tiempo; ven las pruebas y las adversidades como oportunidades para crecer y desarrollarse.

Ellos han sido tocados por Dios y comienzan con el fin en mente, ¡el fin de Dios!

Como me propuse ser un vencedor en mi propia vida, descubrí que la actitud de un vencedor es muy diferente a la del creyente cristiano ortodoxo tradicional; ese, que mide cada cosita que les pasa.

A medida que he pasado tiempo en Su presencia estas últimas semanas con un enfoque más intencional y permitiendo que el Espíritu Santo alinee mi vida, mi matrimonio y mi ministerio, he llegado a aprender que dejar que el Espíritu de Dios sea el líder en mi vida es por mucho ¡lo mejor!

Yo sí creo que una de las principales luchas con los creyentes cuando se esfuerzan por caminar en la voluntad de Dios, es que se confunden fácilmente con las dificultades. ¡No se necesita mucho para que un hermano o hermana pierda el control!

Estos siervos de Dios no han visto el futuro; ¡no han gustado del siglo venidero! No es de extrañar que sus vidas sean superficiales y les falte paciencia.

Una cosa he aprendido en esta temporada: cada intento de convertirme en un mejor hombre, pero aun en mi carne, tendré que luchar una y otra vez. Cuando me caigo, ¡debo responder rápidamente levantándome! ¡No permitiré que ninguna forma de adversidad domine mi pensamiento!

¡La batalla no termina hasta que termina!

¡Mi decisión de seguir a Jesús permanece firme! Recordaré las palabras de David cuando escribió: "Aunque ande en valle de sombra de muerte, no temeré mal alguno, porque tú estarás conmigo". Haré de esta mi canción en la noche; Me regocijaré en la estación del día. A Dios sea la gloria ahora y siempre.

Mi Oración Personal

Rey Jesús, sostenme en todas las estaciones de mi vida. Siempre cantaré sobre la bondad de Dios sobre mi vida. ¡Has sido mi torre fuerte! ¡Has sido mi Roca! ¡Gracias Jesús! Amén.

Día 38

¡Dios Está de Mí Lado!

"¿Qué, pues, diremos a esto? Si Dios es por nosotros, ¿quién contra nosotros?" (Romanos 8:31)

¡Desde el principio de la creación, Dios ha estado detrás de nosotros! Él anhela encontrarnos, llenarnos con Su Espíritu y restaurarnos a Su plan original. ¡La pasión de Dios ha sido buscarnos! Analicemos esto: En la búsqueda de que nos sentemos con Él donde Él está, Dios envió a Su propio Hijo unigénito Jesús, para que podamos ser establecidos en Él. ¡Qué Padre tan maravilloso y amoroso es Él!

Sé que muchos han pensado que la agenda de Dios es destruir o aniquilar a las personas pecadoras y malvadas. Incluso he orado para que Dios les haga eso a mis enemigos; a las personas que me han lastimado profundamente. Sin embargo, de alguna manera extraña, Dios ama a Su creación y tiene un plan asombroso para Sus hijos. ¡Lo único que falta en la mesa de la cena son aquellos que le escucharán! ¡Algunos, por elección voluntaria, tomaron la decisión de mantenerse alejados!

Lo que Dios hará con las personas malvadas y cómo los juzgará realmente no se basa en mis sentimientos hacia ellos. ¡La paciencia de Dios no se acaba solo porque la mía sí! Dios es totalmente diferente. Piensa distinto y se mueve por una economía distinta; somos humanos y vemos un mundo muy limitado delante de nosotros. Nosotros solo vemos en parte.

En base a todo eso, quiero decir que no importa lo que Dios decida hacer con los malvados, conozco Su corazón por mí: ¡Él esta a mi lado! ¡Está loco por mí y quiere lo mejor para mí! Esto es lo que yo sé.

Entonces, si Dios es por mí, ¿quién contra mí? En realidad, no importa quién se ponga en contra mí. Yo gano,

¡por Jesús!

¡Poniéndolo Por Obra!

He dispuesto hoy mi corazón para que descanse en Su amor por mí; saber que Él es para mí y que nada puede hacerme daño sin que Él lo sepa. Bendeciré al Señor en todo tiempo y Su alabanza estará siempre en mi boca.

Mi Oración Personal

Con sólo leer el libro de Romanos mi amado Señor, soy desafiado una vez más por la vida del gran siervo Pablo. La forma en que te conoció; la forma en que te siguió y la forma en que soportó por ti, ¡yo quiero ser ese hombre! Amén.

Día 39

¡Nunca Descuides al Hombre Espiritual!

**"Envía tu luz y tu verdad; éstas me guiarán;
Me conducirán a tu santo monte,
Y a tus moradas.
Entraré al altar de Dios,
Al Dios de mi alegría y de mi gozo;
Y te alabaré con arpa, oh Dios, Dios mío."**
(Salmo 43:3, 4)

Para que el Señor envíe Su luz y verdad a nuestras vidas, tiene que haber un tiempo de cultivo o mejor dicho, un tiempo de intimidad. Veo cómo posicionar mi corazón delante de Él me lleva a una dimensión en el espíritu donde puedo conocer Sus pensamientos, ideas y puntos de vista.

Con mucha frecuencia, los seres humanos, tendemos a

salir de casa sin tocar el corazón del Padre; nos apresuramos a continuar con nuestras vidas sin siquiera reconocer Su gloria en medio de nosotros. Recuerde: El Señor está a nuestro alrededor, ¡simplemente no nos tomamos el tiempo para buscarlo!

Mientras reflexionaba sobre la belleza del Señor esta mañana temprano, leí esta impresionante contemplación del salmista donde declara un principio muy poderoso para vivir una vida eficaz y eficiente.

Esto es lo que he aprendido: ya sea que quiera admitirlo o no, he sido culpable muchas veces de descuidar al hombre espiritual. Si hay negligencia con el hombre espiritual, sepa que no hay sustitutos para esto. Uno no puede leer la Biblia, ni siquiera hacer un ayuno prolongado, para reemplazar esta intimidad con Dios.

Verás, abrir mi corazón al Rey Jesús diariamente a través de la oración personal, es la llave que abre mi destino. Nunca sabré lo que no sé, si descuido mi tiempo de oración personal con Dios. ¡Debo ocuparme de este fuego!

Es mi responsabilidad ponerme en contacto con Dios y esperar pacientemente a que Él hable a mi corazón. Es aquí donde se intercambian instrucción, conocimiento y sabiduría. Como puede ver estoy convencido de que todo mi éxito diario fluirá de esta experiencia diaria.

Solo medite en cuán maravillosa y bellamente lo expresa el salmista:

Mi arpa solo tocará como una expresión y respuesta a lo que Dios está haciendo en lo profundo de mí. Debo ministrar al Señor antes de ministrar a cualquier otra persona o atender a cualquier otra cosa en mi vida. ¡Este es el orden divino!

¡Poniéndolo Por Obra!

Cueste lo que cueste, debo ocuparme de los asuntos de mi Padre. ¡Esto significa que debo estar más atento al cuidado del fuego en el altar! ¡El fuego no debe apagarse nunca!

Mi Oración Personl

Por tu gracia, oh Señor, ¡seré un hombre de fuego! Déjame arder hasta que no quede nada de mí. Que mi vida y mi muerte se dediquen exclusivamente a Ti. Deja que la gente te vea en mí, Rey Jesús. Amén.

Día 40

Aprendiendo Lo Que Significa *Apoyándonos* en Dios

**"Confía en el Señor de todo corazón,
y no en tu propia inteligencia.
Reconócelo en todos tus caminos,
y él allanará tus sendas."** (Proverbios 3:5, 6)

A medida que llego al final de otra temporada de oración y ayuno en mi vida, miro a mí alrededor y mi corazón está lleno de gozo. Mi cuerpo está débil, pero mi espíritu está lleno de expectativa de todo lo que Dios va a hacer con este ayuno.

Durante mi tiempo de buscar a Dios, he experimentado mucho crecimiento en mi espíritu hombre; He visto a Dios hacer cosas que han establecido mi fe. También he experimentado una gran oposición al movimiento de Dios en mi vida.

Miro la lista de cosas que originalmente me había propuesto llevar a cabo durante mi ayuno, y en todas las categorías, he visto un aumento, un buen aumento. Una nueva dirección para mi vida ha llegado como un impresionante frente frío en una mañana de otoño. Le agradezco a Jesús por eso.

En cuanto a la oposición se refiere, también he visto mucho de eso. Las palabras desafiantes del enemigo que han venido rugiendo diciendo: "¡Este ayuno fue todo en vano! ¡Nunca recuperarás la compostura en nada! ¡Perdiste tu tiempo y solo te mataste de hambre en vano! Mira a tu alrededor, ¿qué ha cambiado? ¿Qué diferencia hizo ese ayuno prolongado?" Estos pensamientos y muchos más me han bombardeado en los últimos días y, para ser sincero, ¡puede ser desalentador!

Cuando miro a mi alrededor y reflexiono sobre la realidad de lo que literalmente ven mis ojos, empiezo a pensar y luego digo: "¡Quizás el enemigo tenía razón! ¿Qué diferencia hizo este ayuno? ¿Qué estaba pensando para prepararme para un ayuno tan loco como este? Apenas había dicho esto, cuando de repente vino el Espíritu del Señor y levantó un estandarte contra lo que estaba en guerra en mi mente; entonces Él me habló estas palabras consoladoras de Proverbios 3:5, 6.

Esto es lo que el Espíritu me dijo: "¡Las cosas no son lo que parecen! Lo que estás viendo literalmente con tus ojos naturales, no es la realidad de lo que realmente está sucediendo en el espíritu. No confíes en tu propia mente y corazón y no te apoyes en tu propio entendimiento. ¡David, solo reconóceme, estoy en medio de ti, enderezaré tus caminos!"

Yo te digo: ¡Dios es fiel! El me levantará y me llevará a un lugar de abundancia.

¡Poniéndolo Por Obra!

Mi objetivo es avanzar en el ámbito espiritual y llegar

a conocer al Señor de manera más profunda. Soy como ese ciervo del Salmo 42: **"Como el ciervo brama por las corrientes de las aguas, así clama por ti, oh Dios, el alma mía. Mi alma tiene sed de Dios, del Dios vivo".** (Salmo 42:1, 2)

Mi Oración Personal

¡Jesús, mi Señor y Rey! ¡Quiero agradecerte por tu bondadosa misericordia y por mostrarme que hay mucho más en ti! Eres como un océano que en su profundidad no tiene fin; Te amo con todo mi corazón. Te pido que me visites en los días venideros y me muestres Tu corazón y lo que estás pensando. Espero con ansias mayores visitas. Amén.

Para Mas Recursos . . .

La mayoría de los productos de Shabar Publications están disponibles con descuentos especiales por cantidad para compras al por mayor para promociones de ventas, recaudación de fondos y necesidades educativas, favor de escribir a Shabar Publications al correo electronico:

mayorga1126@gmail. com

Para la compra de más libros escritos por David Mayorga, visite nuestra librería en:

www.shabarpublications. com